林平原世界遊記

輕鬆愉快用心旅遊

林平原——著

序

大自然用其鬼斧神工之力，造就了地球各地天然美景。幾千年來（或已稱上萬年了）人類為了生活、信仰……打造了各地（或稱部落）的偉大建設；旅遊界通稱為世界十大自然美景，及聯合國認定的世界文化遺產。再加上近幾十年來經濟的發展，交通的便利，更促成了全球旅遊業的蓬勃發達。

個人自小就對世界的地理歷史很有興趣，可能跟家父給我的取名有關——林平原，地理上凡是平原的地方一定是土地肥沃，生活富庶。年歲稍長又從歷史中知道戰國時代四大公子之一的平原君，封平原候而得名，有食客三千，且曾官居趙國宰相之位因同名關係，又對歷史特別認真喜愛，「讀萬卷書，不如行萬里路」，所以，當自己有能力就開始計劃旅行，尤其退休十幾年來更是用歡喜心，認真安排到各地旅遊。

CONTENTS 目次

旅順口

北歐五國＋格陵蘭……255

南美洲……283

蒙古與貝加爾湖

今年七月底與多位好友（共廿一位）相約組團，同赴蒙古與俄羅斯西伯利亞貝加爾湖旅遊，這群好友是趣味相投，志同道合吧，其中幾位是旅行達人，已走遍世界各地的名勝古蹟，大家都想瞧瞧曾是橫跨歐亞大陸，包括整個中國及莫斯科（欽察汗國）的蒙古帝國是怎樣的地方，怎樣的蒙古人，有此能耐。還有蘇武牧羊北海十九年，這個北海就是現今的貝加爾湖，又是什麼樣子呢？貝加爾湖號稱世界最美麗的湖泊之一，也是世界上容水量最大的淡水湖，據科學家公布其水量足夠目前世界六十億人口喝四十年。

我們一行人從香港轉機直飛蒙古首府烏蘭巴托，蒙古有「藍天之國」的美稱，烏城海拔約一千三百多公尺，位於蒙古高原圖拉河谷，柏格多山的山腳下，有巍峨的山，玉帶般清澈見底的流水，人口約一百廿五萬，將近蒙古國一半的人口，烏城留有許多歷史文化古蹟，也建築許多歷史偉人的英姿塑像，只是從沒有一座英雄帝王的陵寢，因蒙古族風俗過世兩天內須下葬，將土填平後還用許多匹馬踩踏，更不做記號立碑，因此到今天成吉思汗到底葬於何處，眾說紛紜，卻永遠不知確切位置。可信其風俗習性如此，不過在特勒吉國家公園有一座世界最大的成吉思汗不銹鋼塑像，高達30公尺，足堪紀念。

外國旅客拍的特寫（背景為成吉思汗塑像）

前三天進住期盼已久的蒙古包，嘗試一下遊牧民族的生活方式，也欣賞蒙古特勒古國家公園，依山傍水，山峰連綿的景色，還體驗在蒙古大草原騎馬馳騁的感受。也在巴彥戈壁騎駱駝暢遊戈壁大沙漠，及騎氂牛跟隨了解到蒙古家庭逐水草而居的搬遷實況。同遊好友大多是初體驗，真是既新鮮又刺激，歡欣無比，尤其是大啖蒙古烤羊肉，真是人生難得幾回醉的新奇感。

車行十四個鐘頭，從烏蘭巴托直達俄羅斯的烏蘭烏德市，路途雖遠卻可看到一望無際的蒙古大草原，經過蒙古第二大城達爾汗，更難得是可近距離看到瀕臨絕種的蒙古野生馬，據說此馬已在蒙古絕種，是荷蘭國家動物園回贈蒙古，經過多年培育成功野放而來的，是也非也，姑且信之，總之是難得一見。

感覺一下逐水草而居的搬遷情況

所住的蒙古包

西伯利亞大鐵路是世界最長，軌距最寬的鐵路，總想至少搭乘一次，這次旅程也安排一段從烏蘭烏德到伊爾庫次克的火車之行。依爾庫次克是俄羅斯在西伯利亞貝加爾湖畔的最大城市，其中有許多被列為歷史古蹟的建築遺產，波蘭大教室、「東正教」教堂，還有沙皇時期被放逐西伯利亞的多位名人故居，……目前均已成為博物館或保留的歷史遺產。七八月正是夏天，寬闊的人行步道街到處都是各種盛開的鮮花，說是美麗的花園城市亦不為過。

最後我們來到貝加爾湖畔的李斯特揚卡小城，木造客房依山面湖，清晨的日出，海邊的微風，波濤的拍岸聲，有

遊湖列車午餐

聲有色，風景之美非身臨其境實無法感受得到。搭上環湖火車，一天下來才知當年築路之苦，行車之難（以前火車須加水加柴）；沿途的湖光山色，真有人生難得幾回見，除去北海（貝加爾湖）不是湖之感，再搭船遊湖，迎風飄逸，心曠神怡，飄飄欲仙也！

總之，從我個人喜歡的文化歷史旅遊，看了蒙古帝國的「雄大」乘坐大鐵路的體驗。有了與世界自然美景的賞悅，在感受這一望無際的大草原，大沙漠，瀚浩的北海（貝加爾湖），其中或有辛苦，或有不便，心中卻有了滿滿的踏實與感動，真是美麗的深刻回憶。

以上所說的蒙古、貝加爾湖之旅是最近的一次旅遊，幾十年來同遊的好朋友，知道我對旅行的喜好，希望我能把世界上的自然美景與文化遺產記錄下來，或可給一些有此同好者參考。自己也曾想一生走過的地方，雖然沒有偉大特殊的痕跡，但亦可留給兒孫們做為紀念吧！

貝加爾湖用手一探水溫，背後有俄國美人當背景

中國大陸篇

桂林、陽朔山水甲天下

對中國大陸的旅遊，「桂林山水甲天下，陽朔山水甲桂林」，是地理書上介紹第一次聽到的美景。兩岸開放後馬上帶著內人，接受伙伴們的邀請，踏上旅遊之途，首先從桂林沿灕江順水而下，整個山水之美，正如國畫中意境，加上船夫一一解說形容，型態萬千，天地造物美不勝收，且琿然天成，令現今凡人能暢遊中，不亦快哉！

除了沿江山水之美外，更看到江上許多漁夫捕魚都帶著鵜鶘（當地人通稱魚鷹）協助捕魚，只見魚鷹站在船頭，發現水中魚兒，就飛撲而下，用鷹嘴夾住魚兒再飛回來，由漁夫從其口中拿下，而且每條捕魚船都眷養數隻魚鷹協助捕魚。記得小時候上課時，曾聽聞中國江南地方，漁民沿江捕魚時有此民俗絕活，果真如此，百聞不如一見，樂也！

魚鷹

三峽之險

長江三峽

廿世紀末，欣聞中國大陸先已在長江中游建成葛州霸，接著將在湖北宜昌縣南津關興建長江三峽大霸，此乃世界偉大工程之一，但依自然美景而言，長江三峽之狀麗景色，恐將被堵塞成一大水庫而盡失了，所以不管當時工作多忙，趕緊陪一群好友參加三峽之旅。從重慶市順流而下，「夔峽最壯，巫峽最長，西陵峽最秀」，乃《水經江水注》所言，平生不見豈不可惜。「朝辭白帝彩雲間，千里江寧一日還。兩岸猿聲啼不住，輕舟已過萬重山。」詩仙所云三峽之壯美，水流之湍急，豈可錯過。

從重慶上船遊三峽，在遊艇上住了三天，看盡兩岸之山色美景；白帝城劉備之為義出征身遊於此。石寶寨之懸崖天際，酆都鬼城十八層地獄之民間傳奇故事，亦或可一睹，更難得的是觀看江水之急湍旋渦，相信古時無機械動力之船隻，上下三峽之險峻危急，豈能不信，故特別在船頭拍下好幾張險灘水急之旋渦照片，或可證明之。

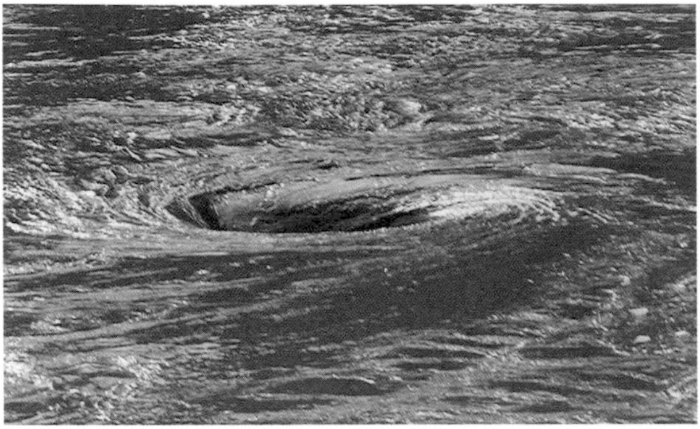
三峽漩渦

於赤壁前留影

《三國演義》乃中國章回小說名著，其中一段所言之大意失荊州，乃長江中游物產豐饒，民生富足的兵家必爭之地，遊三峽順流而下，當然必須一遊，目前城市雖是小而美（非一二級城市），但名勝古蹟不少，尤其雙層城門之建築，可想古時乃兵家必爭之地的事實。接著要求赴「赤壁」一遊，雖然來回必須多花將近兩天，但大伙兒都相當樂意，因赤壁乃三國時代曹操大戰孫權與劉備聯軍的重大戰役之地，亦是促成三國鼎立關鍵的一役，拉車將近一天，渡過長江抵達赤壁，只見石壁上有相傳是蘇東坡親題「赤壁」二字，再上山崗上瞭望，只見寬闊的長江流水，對岸一望無際的江北平原，若就戰爭勝敗的三要件，天時、地利、人和。「天時人和二者。史書記載甚多」不敢贅語，但依「地利」來說，依個人平庸之見，當很明顯了，是也，非也，笑談一下吧！

萬里長城、黃山、九寨溝、都江堰、杭州西湖

中國自古以來是個保守自傲但愛好和平的民族，華人自行居中，其他的稱之東夷、西戎、南蠻、北狄。為防北狄南侵，所以築長城以禦之，經歷代修築而完成了世界史上最重要文化遺產——萬里長城，當然應是首要遊覽的重要名點。

萬里長城，也在世界旅遊界被選為世界七大文化遺產之一。走北京上居庸關之一段長城，就可知其雄偉壯麗，尤其二千年前所用人力物力之大，勞民傷財之慘，抵禦外侮入侵之用心，或亦可憐、可悲、可嘆矣！

列入世界十大自然美界在中國有二個，一為黃山，另一為九寨溝，當然是必遊之地，黃山之美有「黃山回來不看嶽（五嶽）」之豪語，其美可想而知，「奇松、異石、雲海、日出」乃黃山四奇，美不勝收，如迎客松，從石壁中竄出，青翠挺拔，恰在黃山入口處，故以名之。光明頂上的飛來石，如非自其他星球飛來，實無法形容它的碩大與特立超然。其他「孫悟空招親」的石猴，倒頗神似……是也非也，認你想像而名之可也，或說黃山春夏秋冬四季各有不同，想當然耳，總之黃山乃旅遊中國必須列入之地吧！

黄山迎客松

九寨溝七彩湖

黃龍卡斯特溶蝕水潭

樂山大佛是世界第一大石刻座佛，位於四川泯江、青衣江、大渡江三江匯流處

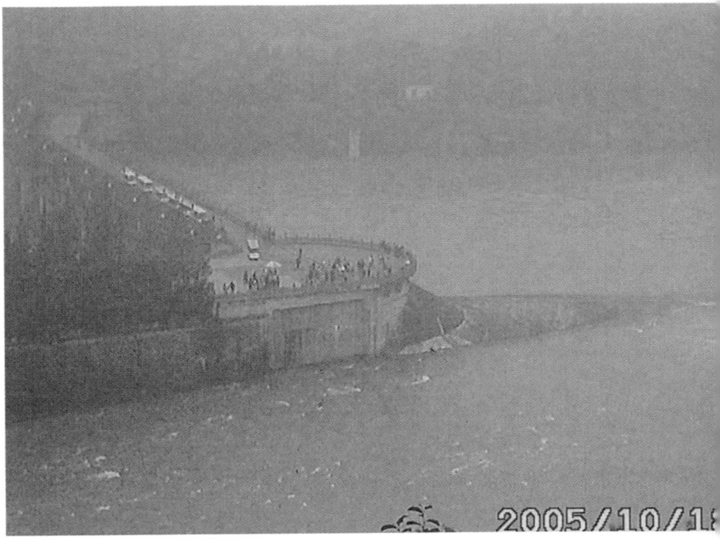

李冰父子二人將泯江分流成內外二水流，可防水患及灌溉，當然現在已改建了

至於九寨溝，更有「九寨回來不看水」之美稱，九寨溝本應為藏族居住的九個部落區，沿溝而上有九個比較大的部落群，因而得名「九寨溝」，被旅遊界發現其水之美，有比油畫更美而真實的七彩湖，像千萬顆飛躍美麗珍珠的珍珠瀑布，綿延四公里長的黃龍卡斯特溶蝕水潭，深淺顏色各有不同，其美非筆墨所能形容，摩尼溝的彩虹飛瀑……。

遊九寨溝無論以前草創陸路之行，或近年來九黃飛機場完成後的空中方便之遊，必以成都為轉捩樞紐，而遊成都除了諸葛孔明祠及杜工部（詩聖杜甫）草堂外，一定會介紹都江堰，此乃中國歷史上的重要水利工程之一，而且是二千多年來最成功的水利工程之一。是春秋戰國時代秦惠文王派李冰為蜀地郡守，李冰和其公子二人花幾年工夫，使四川最重要的河川——泯江，水患不再發生，引水灌溉使四川成為「天府之國」，至目前為止四川一億多人口仍為中國最多的省分（含重慶市），個人管見後來秦始皇之能滅六國統一中國，雖從關中渭水咸陽出兵，但打仗六軍不發糧秣先行，蜀之富庶，糧秣之供給無缺，應當有其無法磨滅的功績吧！不知史書有否記載焉！

再說杭州乃旅遊華中必經之地，尤其是西湖，是中國六大美湖之一，西湖之由來，是唐宋古文八大家之一蘇東坡被貶官至此當縣令，其心中或有不悅，但仍能坦然面對，見西湖之泛濫、污穢。決心動用人力物力，疏濬完成，築長堤，建六橋以溝通，兩岸種植垂柳，湖中島蓋亭閣，種植花木，再加上湖旁山丘上馳名的雷峰塔，湖塔相映真是相互爭輝。雷峰塔在民俗雜記中，白蛇與許仙的愛情故事，讓西湖更增加了許多神祕感而嚮往。……至今多少中外首長（總統、總理、部長……）及到中國旅行之遊客，幾乎是必須遊賞之地，故詩詞有「看明湖一碧，六橋鎖煙水，塔影參差，有畫船自來去，垂楊柳兩行，綠染長堤……欲把西湖比西子，淡妝濃抹總相宜……」的美句。湖心島上花叢中有一小石碑刻有「虫二」二字（風月無邊），更足堪形容西湖之美了，相傳是乾隆皇帝所提。

杭州旁，烏鎮小船上悠閒自樂

個人觀看這二景的俊與美，除了對美景之欣賞喜悅，更多的感覺是古今中外幾千年來的中央及地方官員，能有如此之高瞻遠矚，或有多少能如此為當地解憂造福。杭州人至今受其惠享旅遊經濟之福。

西湖美景之一，「虫二」碑為呂詞之說，猜形容詞四字（風月無邊）

內人背景為西湖蘇堤

名樓之旅

自古以來中國文人騷客非常多，尤其散文詩賦對各地美景更有許多贊譽；如形容長江三大美樓，及黃河唯一雄偉大樓之詩詞，更是形容得淋漓盡致，也是個人覺得一生該去觀賞，古時大文豪睹物思情，如何能寫出如此佳美辭句，且千古傳誦。

首先乘著遊長江三峽之便，順道來到武漢黃鶴樓，只見壯麗的七層黃鶴樓，緊臨浩瀚的長江，雖然時代進步，目前有長江鐵路橋（平漢鐵路）及幾條高架公路，破壞了其古昔之獨立威武，唐代詩人崔顥「昔人已乘黃鶴去，此地空餘黃鶴樓，黃鶴一

黃鶴樓

去不復返，百雲千載空悠悠。晴川歷歷漢陽樹，芳草萋萋鸚鵡洲，日暮鄉關何處是，煙波江上使人愁。」另詩仙李白登黃鶴樓送好友孟浩然之廣陵一詩：「故人西辭黃鶴樓，煙花三月下揚州。孤帆遠影碧空盡，唯見長江天際流。」的美句。以及登上高樓層，遠觀長江流水源遠流長，沙州美景依然可見，古代文豪之觀物思情躍然紙上，能不服哉！

范仲淹先生的〈岳陽樓記〉，學生時代讀書時更是須背得滾瓜爛熟的好文章，所以特別安排湖南深度之旅，「吾觀乎巴陵勝狀，在洞庭一湖，銜遠山，吞長江，浩浩湯湯，橫無際涯……」，「居廟堂之高則憂其民，處江湖之遠則憂其君」。及「先天下之憂而憂，後天下之樂而樂。」此自古以來成為中國官場上為官必須如此的佳美辭句，在登此美麗大樓所能悟得。吾登樓觀之，岳陽樓瀕臨洞庭湖，湖面寬廣，北連長江雄偉無比，南面一望無際，看不著邊際，可見洞庭湖之大，再見湖中有一島，名為君山島，乃岳陽樓記中的「銜遠山」，特別囑附船夫。搖槳登臨，島中有小寺廟，更有清涼水井（柳毅井），青茂樹林……洞庭湖之旅或有感同仙境也。

於岳陽樓前留影

江西之美——順遊滕王閣

長江三大名樓的另一偉大名樓，就是江西南昌的滕王閣，因此也安排一次江西深度之旅，滿足個人心願，同行好友亦都心有此感；滕王閣是唐太宗六弟封滕王進駐南昌，遠離權力中心時，在贛江邊所興建，美麗壯觀，應是日日召來文人雅士，題文賦詩，或歌妓舞娘過著與世無爭的歌舞昇平生活，但滕王閣之雄偉壯麗，瀕臨贛江滔滔大水，遠望沃野千里，不僅外觀如此，但知所以成為千古名閣，最重要是唐代王勃的滕王閣序中「落霞與孤鶩齊飛，秋水共長天一色」之美句，在文壇軼事記載，當時許多騷人墨客一起為滕王閣寫序文，當眾人看到當

時年僅十六歲的王勃這兩句不朽佳作，就都停筆不敢再動筆，成千古文壇美談。我們登閣觀之，或可信也，到此一遊果然如此。

景德鎮是江西省重點城市，中國自古以來與西方國家貿易的三大輸出商品：絲綢、茶、瓷器。而瓷器最主要的產地就是景德鎮。參觀瓷器博物館，更能知道製造精緻瓷器的繁複與藝術天分，實在不簡單，尤其宋朝時期就有官窯的設立，由皇家統管，西方國家皇室特別喜愛，一兩千年來紛紛由陸上絲路與海上絲路貿易輸出，從「中國」與「瓷器」之英文是同名，應可徵實，同行伙伴識貨者皆愛不釋手，許久不忍離開。

鄱陽湖是中國第一大淡水湖，自古以來即為楚地，物富民庶之重要據點，歷史上更是明朝朱元璋水戰勝利才能稱帝最重要一役的地方，當然安排遊湖是重要行程，尤其來到九江市，是鄱陽湖與長江銜接的出口處，長江在此段舊稱潯陽江，唐代名詩人白居易最常讓文人能朗朗上口的「琵琶行」古詩，即在此送別友人，有感成詩的地方，目前建有城塔以紀念之，登城北望長江，南臨鄱陽湖，心中誦此詩，「嘈嘈切切錯雜彈，大珠小珠落玉盤……同是天涯淪落人，相逢何必曾相識，……」心中仍有戚戚焉。

江西廬山自古以來是重要名山，蘇東坡（唐宋古文八大家之一）有「橫看成嶺側成峰，遠近高低各不同，不識廬山真面目，只緣身在此山中」的名句，當然亦列在此次行程之重要景點，循環山而上，只覺雲霧裊繞，飄飄然然猶入仙境，原來是已進入最美的香爐峰，「香爐山孤峰獨秀起，遊氣籠其上，則氤氳若香煙。」乃古人對廬山香爐峰之形容，而峰下之瀑布，更著稱於世，稍往南走至觀景台，遠眺鄱陽湖，更見其飄渺之美。所以廬山有丘壑阻深，風景清絕，氣候溫和，泉水甘美，是避暑勝地。歷朝歷代之文人騷客必遊必住之地。另一重要景點指的是五老峰下的白

維妙維肖的三清山女王峰

鹿洞書院，是中國文學史上四大書院之首，創建於南唐升元時期，已有千年以上歷史，隋唐以降其他三大書院，亦紛紛成立，而造就中國文壇史上不少有名大家。一九三七年蔣介石對日本抗戰的廬山宣言，即是在此，目前還留有紀念館呢！

接著到丹霞地貌峰林地質公園的龍虎山，乘著由船夫手搖的遊艇沿信江而行，難得一見的是傳說中古時富豪人家的「天葬」表演，從高聳的山頂上將棺木垂吊在峭壁中的洞穴。沿江峰林秀麗，陡峭的岩壁中有許多山洞，船夫解說即為天葬墓地，中國許多地方皆有此尊敬先人的厚葬風俗，在此真實眼見。

龍虎山因群山環繞，山型壯麗有形似飛龍者，亦有形似猛虎者，故古時即以此二者為名，最重要是相傳漢朝時期，道教創始者張陵——張天師隱居此地，練長生不老仙丹，故現今建有雄偉的道觀，被稱為道教發源地，亦為遊覽重點之一。

江西三清山有第二黃山之美稱，只見秀麗山峰林立，其中最著名的三個主峰，名叫玉京、玉虛、玉華，而三清山更坐列其巔，故以其名稱之，因範圍很廣，登山環繞全境或有難處，幸有滑竿代步，沿途到處可見絕壁中竄出的翠松，日光照射下的雲海，山谷中聳然獨立，狀如蟒蛇出谷數十丈高的奇石。又有靜坐拜佛的南極仙翁石，維妙維肖的女王峰……從轎夫的仔細解說中，更能知其然也，江西深度之行頗有心得之快感。

絲路之旅

中國歷史上為打通和西域各國之來往，有名的記載一是漢武帝時為攻打匈奴，戰術上須有克敵致勝的戰馬，相傳西方「大宛」國（現稱中亞的吉爾吉思）有汗血寶馬，能日行千里夜奔八百，乃派張騫出使西域，歷經許多劫難，十幾年後回朝，第一次打通中西交通。第二次是唐太宗貞觀元年，派唐三藏（玄奘）赴天竺國（印度）取佛教經文，二者皆從長安（西安）出發經蘭州，天水及甘肅、新疆，辛苦輾轉，終於完成任務，打通此通道，中國歷朝最偉大的產品之一——絲綢，頗為歐洲貴族所喜愛，商旅貿易絡繹盛行，故歷史與地理皆把此路通稱為絲路，尤其甘肅河西走廊的武威，張掖、酒泉、敦煌四郡更是代表的絲路四大綠洲。我們一伙遊伴，欲窺其貌，經旅行社安排，從長安出發，一路拉車到新疆烏魯木齊（迪化），以償心願。

西安古稱長安，是中國歷史上的重要古都之一，除了上述漢、唐二朝代派張騫及玄奘出使西域諸國，打通東西貿易等來往外，其實從周、秦、漢、隋、唐及幾個較短時期的小朝代，共有十三個中原王朝在此建國立都。所以西安就是絲路的起點，目前仍是陝西省省會，當然更是中原地區的政治、經濟、教育、文化……的中心。除了古城牆仍保留完整外，對古蹟的維護亦獲稱許，而最為世人驚豔的是驪山秦始皇陵寢已被探測發現（但據傳考古專家研究以不挖掘為宜），而距離五公里遠的兵馬俑已被開挖出土，且除了兵馬俑之外，連戰車、戰馬等各種物品發現不少，現在多已陳放在半坡博物館，開放供人參觀，更已被列為世界八大文化奇蹟。

蘭州，別稱金城，甘肅省會，也是中國版圖的幾何中心點，主要地標有黃河之母塑像，雁灘黃河大橋（一九一四年）向德國貸款及請其工程師建造的黃河第一座鐵橋。更因其南可通青海、西藏，西達新疆中亞，北抵蒙古，由此可知從古至今蘭州市當為中國的重要軍事指揮中心及來往貿易的重要都會。除此之外，一定得品嚐純人工的蘭州拉麵，一團麵團用雙手竟可拉出近千條的麵條，其韌勁可口美味，真有不虛此行之樂也。

第二站到天水市，主要欣賞中國四大石窟之一的麥積山石窟，麥積山是天水小隴山中的一座孤峰，高約一四二公尺，因其山形很像麥垛而得名。據考古研究應是晉朝時代，西元第四世紀末到第五世紀初所建，只見沿山勢峭壁開鑿雕刻，更有許多非常美麗的壁畫，洞窟更層層相疊，上下亦有棧道相連，內容多以佛像為主，可知當時佛教已流傳中國並深入民間，再加上有高僧或貴人技師方能完成如此巨作。

西安兵馬俑

秦陵之戰馬

武威是絲路中河西走廊四大綠洲的第一站。古稱涼州，漢武帝時為通西域買馬彰顯軍隊的「武功軍威」而得名，在市區重要路口建有地標「馬踏飛燕」，即所謂日行千里的汗血寶馬，飛馬行空後蹄踩踏一隻飛燕，顯示武威是古時戰馬之需求與貿易東來的豢養之地呢！考古學家也挖掘一座漢王墓，雖已被盜墓者光臨過，但整體保留尚稱完整，

麥積山石窟

武威地標「馬踏飛燕」

古高昌國遺址，在四大綠洲中途有許多小部落，高昌國乃唐三藏休息講經之處

更難得的是武威孔廟一遊，發現武威在歷代居然有幾十人是進士出身，可見武威雖地屬西方偏疆，看是武功為主，其實亦是文人薈萃之地，唐代詩仙李白自言祖籍甘肅隴西成紀人，或可信也。

張掖是四大綠洲的第二站，也是河西走廊的中部，屬咽喉要地，整個走廊南依祁連山，北有馬鬃山、龍首山、合黎山，是四大綠洲中唯一能生產稻米之地。又有七彩丹霞地貌，祁連山頂的雪景，山下的大草原，夏季水田，如非親臨其境，豈能想像而知。「青海青，黃河黃，更有那滔滔的金沙江，雪皓皓，山蒼蒼，祁連山下好牧場……」的兒歌終可見證了。

接著來到酒泉，是甘肅省第二大城市，雖然是四大綠洲的第三站，但已是河西走廊的西端，南連祁連山，北接馬鬃山，是甘肅省面積最大的城市。也以城下有泉，史傳漢武帝派大將軍霍去病帶兵攻打匈奴，行軍至此口渴難耐，忽然發現泉水小池，如獲甘霖，將武帝親賜美酒一罈倒入水中，與全軍將士共飲，因而得名「酒泉」，是也非也，自可判斷，但酒泉綠洲之有山泉水，且其味甘甜卻是事實。再往西走即可到嘉峪關，是萬里長城的盡頭，嘉峪關目前重新修築，氣派非凡，登城遠眺，昔日各朝西征西戎之

天下雄關
全国重点文物保护单位
萬里長城—嘉峪關
中华人民共和国国务院
一九六一年三月四日公布

狀，或真有感覺得到啊！酒泉又產玉石，有幾家國營玉市，主產玉杯名稱夜光杯，唐朝詩人王翰，所題涼州詞「葡萄美酒夜光杯，欲飲琵琶馬上催。醉臥沙場君莫笑，古來征戰幾人回。」倒是此地盛產葡萄、玉石，及重要邊防重鎮，使人心中頗有戰爭淒涼之感也。

最後來到四大綠州最西邊的敦煌，敦煌可說是旅遊專家終生必到之地，中國歷史上敦煌是塞族，大月氏、烏孫、匈奴等各民族集結之地，更是商賈，軍旅，宗教……等世界四大古老文化的交集地。某電視台在二十多年前首推出的「大陸尋奇」，片首曲中的鳴沙山月牙泉即在敦煌的沙漠中，沙漠怎會有此千古不乾，且其形狀如彎月的大水池，當然要騎駱駝行走幾里路方能抵達，尤其風沙中傳來天籟之音，故有鳴沙山之稱，大伙兒都有不虛此行之樂，因為實在太美了。另一來此必須欣賞之地，就是中國四大石窟之首的莫高窟千佛洞，只見綿延不短的峭壁中，不知經歷多少年代，經過多少藝術大師的工筆，才能彩雕出如此精美的近千個石窟，洞中所雕成的佛像，色彩繽紛，至今仍鮮艷依舊的各種壁畫，皆或坐或臥，或慈眉善目，含笑可親，或皆目嚴肅可畏……真是讓人佩服萬分。相信是佛教東傳中國以來，由多少名人高僧及藝術造詣甚高的大師，歷經可能上千年才能完成。所以莫高窟出現後，中外許多藝術家紛紛前來拜訪觀摩學習，尤其是學習中國畫者必然來此觀摩，連我們大伙兒遊伴都覺得真值得，也都有不虛此行感啊！

莫高窟內之石雕大佛

月牙泉

五彩灣

純種蒙古野馬（野牧）

新疆天山南北全覽之旅

烏魯木齊是新疆省會，清朝建省時稱迪化，應是政治、經濟、交通樞紐，通常搭飛機至此休息一夜。第二天開始踏上旅途，第一站是中國六大美麗湖泊之一的阿爾泰山喀納斯湖，距離約八百八十公里，走吧！不辛苦才怪，首先進入中國第二大盆地「準葛爾盆地」，也是中國第二大的「古爾班通古特」沙漠。路途雖遠，但在戈壁荒漠中五彩繽紛「五彩灣」，看到的是一片奇峰怪石，千姿百態！或有如蜿蜒的大蟒蛇，或威武的雄獅，或典雅的仕女……形態萬千，美不勝收。更難得是其中經過「卡拉麥裏山有蹄類動物自然保護區」，在公路邊水源區看到十幾隻瀕臨絕種的蒙古野馬，連開車師父都認為非常幸運。中途在「北屯」小鎮休息，「北屯」應該是清朝攻打俄帝時的屯兵軍營所遺留之地吧！

喀納斯湖一角

喀納斯湖是額爾齊斯河上游，上萬年前地殼變動，山崩阻塞而成的堰塞湖，面積將近五十平方公里，水深一百公多公尺，環湖茂林青翠，繁花似錦，乘船遊湖真是心曠神怡。或又稱湖中有水怪出現，雖不得見亦是神遊此湖的美談吧！

在此特別提到住在喀納斯湖周圍的人，除了少數遷入經商的漢族人外，主要是世居此地的「圖瓦族人」，據考證他們是中國北方的古老遊牧民族，原來生活在薩彥嶺以北，于十七世紀初遷徙至此，而頑強的生存下來，講的是世界僅存的突厥語，真是語言學上的「活化石」，我們特別安排拜訪他們的村莊及住家，受到熱情的接待，尤其是兒童及少女們的歌唱舞蹈，親切感人，至今記

烏爾禾風域——鬼城

憶猶新，特此列述以茲懷念。

離開喀納斯湖從準噶爾盆地西邊南下，一定會經過的是烏爾禾風域，方圓數十里的古城在似刀的狂風侵蝕下，雕刻成千奇百怪的地貌，被哈薩克與蒙古人稱之為「鬼城」，尤其是一旦狂風驟起時，黃沙漫天，叫聲慘厲，恐怖萬分，我們到達時風雖不是很大，都已有所感受，以前「鬼城」之稱當可體會。

伊犁是清朝新疆建省後的軍事重鎮，當時的伊犁將軍府規模宏大，至今仍保存著府城門，石獅、廳堂、廂房、涼亭……。尤其上山頂公園，當地人稱果子溝，居高臨下，風景奇佳，古人稱為奇絕仙境，園內有林則徐知縣半身塑像，林則徐在廣州知府時，為抵抗英國強行騙賣鴉片，被他禁止沒入，甚至焚燒，引起所謂的中英鴉片戰爭，兵敗林則徐被貶新疆伊犁，但他仍勵精圖治，勤政愛民，伊犁人塑此像以表彰紀念，當可證明。或謂林則徐曾對友人說：錢財不用留給子孫，因其聰明能力強者，自己就能成功擁有，「子孫若如我，留錢何用，賢而多財，則損其志」，不肖子孫留給他，反而是敗壞又有何用「子孫不如我，留錢何用，愚而多財，益增其過」，實乃偉人之至理名言也。

接著換乘六輪傳動的越野吉普車，越過顛簸難行的天山，抵達中國第二大的巴音布魯克大草原，此地氣候涼爽，水草豐美，也是新疆重要的牧場之一，被稱為天山頂部的大草原，涼風輕輕拂來，心曠神怡，尤其草原中湖水清澈，與山頂互映其中，更是個難得的觀光避暑勝地，水中天鵝成群，因而得名「天鵝湖」，已被劃為「巴音布魯克天鵝自然保護區」，我們騎馬踏過泥濘及膝的沼澤地，才能到達湖畔觀賞天鵝。真難得的是正好看見一對天鵝劃過天邊，展翅滑降水面，姿勢之美真是優美至極，古人形容美女：「閉月羞花之貌，沉魚落雁之姿」，終可親眼目睹，豈不樂哉！接著驅車在地塹邊，往下面一看，一條滾滾溪流在大草原中，九彎十八拐，日光返照，亮麗非凡，原來電視台「大陸尋奇」節目，片頭的美景正是此地拍攝的。大伙兒歡樂無比，擺出各種姿態，盡情拍攝滿足自己吧！剛好遇見一群裝備十足的攝影者，閒聊中才知他們是來自香港的某

巴音布魯克草原的九彎十八拐水流美景

千年不倒的胡楊木

攝影社，光在此已拍攝了三天，他們說早上、正午、黃昏、晴陰、光線各有不同，更說明希望在夕陽西下時能拍攝到與彎曲河面反射同時出現的九顆太陽。可見此景之美非常吸引人，非身臨其境實難形容。

塔里木盆地是中國大陸第一大盆地，而其中心的塔克拉瑪干沙漠也是第一大沙漠，來新疆總要去見識一番，車行沿途只見一望無際的黃沙，但經過塔里木河大橋時，所看到的是兩岸胡楊木濃密成林，相信是古絲路的重要綠色走廊，當地人稱胡楊木，活一千年不死，死後一千年不倒，倒後一千年不朽，在乾燥的沙漠中或可信之，台灣檜木也是如此啊！

克孜爾千佛洞

離開塔克拉瑪干沙漠，在南疆當然要去看南疆唯一的「克孜爾千佛洞」，此洞位於明屋塔格山的懸崖上，應該是比敦煌莫高窟更早的大型石窟寺群，尤其值得一提的是，其始鑿年代約為漢朝時期，而且歷經千年才完成，其壁畫總面積有一萬多平方公尺，具有極高的藝術價值，可惜為了保護未能全面開放參觀。

經庫車市來到龜茲古城，龜茲在歷史上是絲路的必經之地，應為中國古代西域大國都城，目前尚能看到四方各約二千米長的正方形夯土城牆，雖已有坍塌，但以當時人力物力而言實屬不易。經阿克蘇市改搭專車暢遊名聞遐爾的旅遊勝地「天山神木園」，形態怪異的上千年古樹，飽經滄桑的少數民

族文化遺跡，皆享譽中外，值得深入研究，荒野中居然有此神木群，而人類足跡亦能踏遍，可見萬物對生命之需求力，是綿延不絕的。

喀什是新疆南端的最大都市也是政治、經濟、文化、交通中心，住民以維吾爾族居多，男性皮膚黝黑，強壯好客，女性面容五觀非常突出姣好，是個美麗的都市。而最重要的塔什的西邊就是怕米爾高原，中國最西的地方，古稱蔥嶺，又被稱為「世界屋脊」，海拔約四千公尺，高原中有數座高山，如有「冰山之父」之稱的「慕士塔格峰」，海拔高度達七千四百多公尺，當然山頂終年積雪，有十六條冰川從此流向四方，我們特別抵達較近且雄偉的一條冰川欣賞，開開眼界。蔥嶺古時就是前面所稱絲路的通過之地，相信乃史上漢朝的張騫，唐代玄奘大師等的西行，與元朝時意大利馬可波羅的東來，都應留有辛苦的腳印。嶺上更有「石頭城」，牆基皆以石頭砌成，據考證為唐代所設，居民以「塔吉克族」為主，因有水有草以農牧為生，善騎射，能歌善舞，好客重禮儀，心性善良，又很崇敬老鷹，自稱是「鷹的傳人」。

在喀什必定參觀中外聞名的「香妃墓」，清史中是乾隆皇帝時，回族叛亂兵敗（新疆各族以信回教居多），向大清獻貢的美女，玉體生香，深得乾隆皇帝寵倖，賜名香妃。此「香妃墓」為衣冠塚，但建築得有樓閣、庭台、花園，可知維吾爾族人對「香妃」的敬重。

蔥嶺上的古石頭城

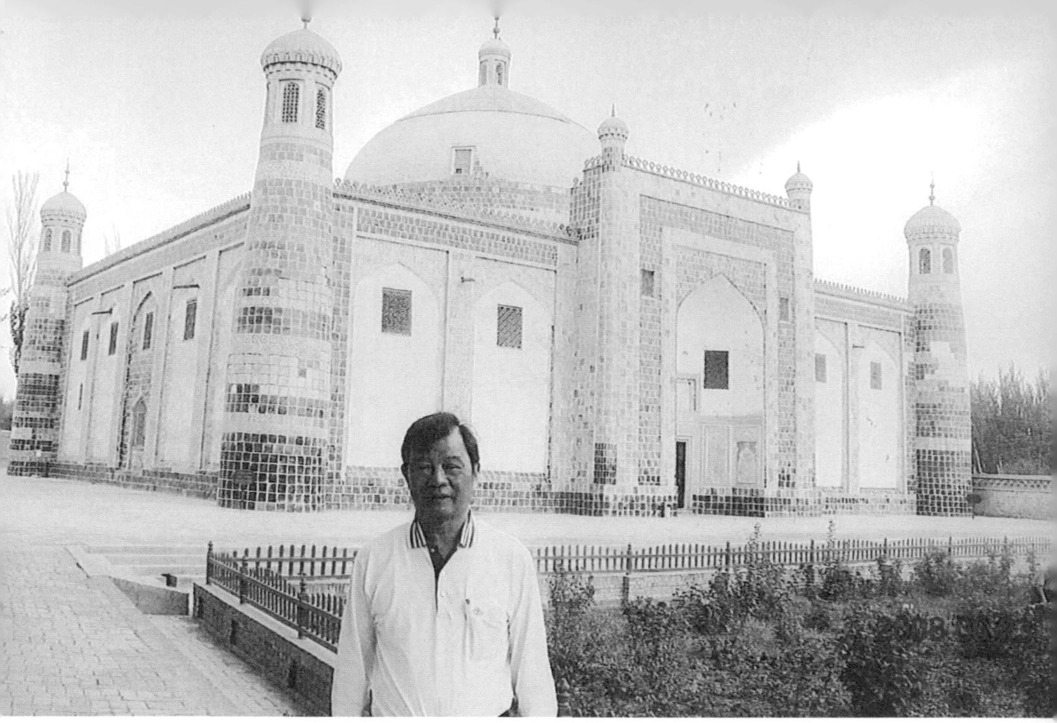

喀什香妃墓

烤全羊大餐

以美食料理來說，走遍中國各地，如內蒙自治區，回族自治區，甚至蒙古共和國（外蒙古），皆以牛羊肉為主食，且多以燒烤美食為待客之禮，在喀什吃到的烤全羊大餐，飯店師父烤熟後，鄭重推出以表尊敬及技術，大伙兒推選同遊最年長伙伴動第一刀，師父再動刀分食，其味道之美，咬勁之感皆難以形容，是最上乘的功夫，全羊大餐，口齒留香，至今仍有回味無窮之感耶！

烏魯木齊特別要介紹在其東北部的吐魯番盆地，及火焰山，吐魯番盆地在天山山脈中，面積比台灣大，中心低於海平面約六十公尺，是中國最低的地方，也是僅次於死海及阿薩勤湖，世界第三低窪地，但前二者是水，吐魯番是陸地，也是一奇，該地盛產葡萄、哈蜜瓜、蘋果、梨子等，有瓜果之鄉之稱，尤其葡萄更是味美且為最大宗，故又有葡萄溝之稱。因地形關係雨量稀少，蒸發量又大，人們用水及灌溉必須引天山雪水，自古以來此地即發明（或一說由西域傳來），開鑿地下溝渠，以資農作及住家用水之需，取名為「坎兒井」，經長時間的挖掘，據稱有幾千公里，甚至上萬公里，我們曾在一住戶親見坎兒井自水溝流出之水，清涼可口，「人定勝天」之說在此更可證實。至於火焰山是天山東部博格達山坡前的皺褶丘陵，東西長約一百公里，整個山體由紅色砂岩構成，遠遠望去如火還在燒山，因而得名。「西遊記」是明朝吳承恩所著作的中國四大章

回小說之一，其中情節唐三藏取經，經過此地其三大門徒之一的孫悟空，在此與牛魔王及其妻芭蕉公主大戰的故事，以火焰山之地貌或可想像也，火焰山中亦有一名窟，只是歲月長久，又未能妥善保護，經風蝕或人為破壞，已所存無幾，殊為可惜。最後特別補充說明，新疆因位於陸地中心關係，日夜溫差極大，故有「早穿重裘午穿紗，晚上抱著火爐吃西瓜」之諺語，亦是一奇。

西藏——青海與青藏鐵路精華行

西藏古稱吐蕃國，與中國歷朝歷代時有來往，或戰或和史有記載。現在最繁榮興盛人口密集的城市是拉薩，但舊吐蕃王朝的起源地，則是澤當鎮，第一座王宮在二千多年前，就建立在澤當鎮東南雅礱河旁的山頂上，名稱「雍布拉康宮」依山面水，高大險峻，氣勢恢宏，但拉薩興起，吐蕃王朝遷都拉薩後，澤當鎮已沒落許多了，只存古蹟斑斑的皇宮還給遊客觀賞。

在西藏必會去欣賞的是列為西藏美麗的三大聖湖：「羊卓雍措湖」是世界最高的淡水湖，海拔四千四百多公尺，在此可看到雪山、冰川、湖中島、大草原牧場，秀麗的農莊，牛羊成群。天鵝或沙鷗等，水鳥每到夏季也成群在湖面嬉戲呢！而「納木措湖」更被稱為中國六大美湖之一，是世界上海拔最高的湖泊，湖面海拔達四千七百多公尺，也是中國第二大鹹水湖，前來此湖必須經過五千多公尺高的山陵公路，因此藏人把此湖稱為騰格里海，也就是「天湖」的意思。另一「瑪旁雍措」聖湖也是淡水湖，更是供奉佛教、印度教，耆教等，有「永恆不敗的碧玉海」之稱。

在納木措湖戲水

布達拉宮更是西藏的地標，也是佛教或喇嘛教教徒終生嚮往的聖地，據史載為吐蕃王朝贊善松贊干布遷都於拉薩所建立的，為西藏政教合一的統治中心，建築在依山面水的山坡上，東西長有三百七十公尺，高達一百二十公尺，東西分為紅白兩個色澤，故有紅宮與白宮之說，裏面宮殿有數代達賴聖者之陵寢、講經堂……數百間，上上下下層層疊疊，從東門進入至少需花兩小時以上，才能從西口出來，更可知其雄偉壯麗。

大昭寺建於西元七世紀，也是西藏的佛教中心，更是藏傳佛教信徒心中的聖地，其建築仍保存吐蕃時期的最古老土木結構。有一說是唐代文成公主嫁入西藏，建議提倡文化，為松贊干布感動而建，藏人稱為文成公主嫁妝的一部分。參觀時看見大昭寺內有成群的年輕人，在此學經讀書，接受嚴格訓練，藏族人以能讓兒子送進大昭寺入學，才心有榮焉。在整個西藏旅途中，沿路時常看到許多藏族同胞，全身撲地手腳伸直，雙手掌心向上膜拜，再起身，再撲地等身前進至大昭寺，完成一生對藏傳佛祖信仰的虔誠，實在令人既感動又佩服了。

青藏鐵路是到西藏旅遊的重要一環，我們從拉薩出發到青海的塔爾木市，全程選擇白天，因鐵路經過世界海拔最高的唐古拉山火車站（五千零六十八公尺），最高的唐古拉山啞口（五千零七十二公尺），也是在最高的高原永久性凍土上興建完成的。雖然是廣闊的無人區，但希望能看到珍

布達拉宮為藏傳佛教聖地

貴的西藏羚羊，野犛牛等，還有唐古拉山，崑崙山山脈之冰雪景色，經過十三個鐘頭，抵達青海第二大城塔爾木已是晚上了。特別介紹一下列車有坐臥兩種車廂，各項設備還算齊全，中間也有一節用餐車廂，餐食飲水服務皆夠水準，午餐時遇見兩位列車司機，才知此列車有四位司機，最後終點是廣州，當然要隨時換班，倒也讓我們大伙兒感到奇特。

通常乘青藏鐵路是在青海第一大城西寧市下車，我們要求在塔爾木下車，主要是沿崑崙山脈，首先觀賞著名的「茶卡鹽湖」，湖面積有一〇五平方公里，是柴達木盆地有名的天然結晶鹽湖，清乾隆時代就已開採，是整個大地區的食鹽供給點，故稱「青鹽」。柴達木盆地是中國大陸第三大盆地，只見大部分的山多為紅色，應該是蘊含豐富的鐵礦石，果然沿盆地邊緣，就有大鍊鋼廠。第二天要抵達的就是到中國最大的湖泊——青海湖，在三千公尺高的高原上，湖邊周長三百六十公里的大湖，蒙古語是青色的，雖然是鹹水湖，四周也是綠草一片，相信青海省之得名當如此而來，青海賓館很高級，乘船遊湖一趟，豈不樂哉！

茶卡鹽湖

山西省深度遊

山西省自古以來即為中國政治、經濟、軍事的要津，如臨汾乃中華始祖「堯帝」建立的都城，古稱平陽，逢城是舜帝的國都，史稱蒲阪。後來人口漸漸往南移，其後各朝代才定都長安、洛陽、開封及北京……但山西仍有軍事、經濟等的重要地位。尤其省會太原市更是樞紐重鎮，歷代防禦北方匈奴的指揮中心，如唐朝李家本是太原府都督，因故起兵滅掉隋朝，建立唐朝，重要指揮者就是唐太宗李世民，登基後政治清明……史稱貞觀之治，其源頭算是來自山西太原。所以整個山西省從歷史，地理上有許多珍貴可看的瑰寶。

太原晉祠

應城木塔

北嶽恆山懸空寺

首先太原市就是一座具有二千多年歷史古城，歷代兵家必爭之地，北魏曾在此立國近二百年，重要景點「晉祠」，融合儒、道、釋三教文化的祠堂，並有「水經注」之記載，可知其當時人情文化之高。五台山相傳是印度僧人「文殊菩薩」的道場，海拔三〇五八公尺，有五座山峰環抱相連，主峰上似平台故稱五台山，歷來皆為避暑勝地。

懸空寺位在五嶽中最高北嶽恆山山腰，更列為十八景之首，是北魏時代所建，距今已一千四百多年的歷史，整座寺廟四十間房，背依峭壁，下臨深淵，著力點是鑿洞插樑木為基礎，眼看只有十幾根木柱支撐，彷彿飛懸半空中，因而得名，以奇景、巧閣、險棧道著稱古今，唐朝詩仙李白至此曾揮「壯觀」，明代旅遊專家徐霞客更譽為「天下巨觀」，以顯此寺之險峻與偉大。

守雁門關之楊家將全體塑像，佘太君……都是女將

應縣木塔，也是遼魏時代西元一〇五六所建，可稱為中國現存最古老最高大的全木結構建築，完全不用釘鉚，全靠斗拱柱樑鑲嵌穿插吻合而成，堪稱建築史上的瑰寶，更被譽為「木塔之王」。

以上二名勝古蹟皆在大同附近，而最重要的世界遺產，「雲岡石窟」就在大同市，大同市位於山西、河北、蒙古三地交界處，自古即為兵家必爭之地，當然也是政治、經濟、軍事、文化的邊境重鎮，南有內長城，北有外長城，東接太行山，西臨黃河。自春秋戰國時代以降，各個朝代皆曾大戰於此，更可證明之。「雲岡石窟」是中國四大石窟之

雲崗石窟大佛

一，據考證是始建於北魏時期，至北魏考文帝太和年間完成，石窟位於武周山南麓，東西長達一公里，共有大小53個石窟，佛雕五千一百多尊，且多保存完好，被譽為「東方石窟藝術寶庫」。順路走訪代縣城北的「雁門關」，此關自古被稱為「外三關」之首，是宋代「楊家將」鎮守邊關抵抗遼兵入侵的重地。我們在電影、京戲、歌仔戲中常見影劇界的編劇與表演，或可稱遊山西的美談之一。

「喬家大院」是晉幫（晉商）文化民俗博物館，大院六座，小院二十座，房間三百餘間，至今已逾兩百年仍屹立不搖，可見當時豪門世家之奢華富有，電影「大紅燈籠高高掛」就是借此拍攝的。「平遙古城」素有「龜城」之稱，說明取其吉祥長壽之意，只見四周城牆仍保護得非常完整，整個城內布局仍有明清時期的風格，商家林立：古玩、玉器、票號、錢莊、客棧、鏢局、酒樓等特意保留，古色古香，頗為新奇，尤其進入票號錢莊，看見古時經商來往的密碼暗語，才知最早的金融機構是如此經營的，想上當受騙不那麼容易。

平遙古城之中心樓

壺口瀑布

「壺口瀑布」與「龍門急湍」是地理上的重要名句，黃河是世界最長的五大河之一，但也是唯一不能全程通行船隻的大河，有稱「黃河百害」，主要就是「壺口瀑布」斷了船航，黃河流經此晉陝交接處，忽然三百公尺寬的水面，在不到五百公尺長距離內，收窄成二三十米寬度，河水從三十公尺高的陡崖上，排山倒海般的傾瀉而下，造成「千里黃河一壺收」的奇景，據記錄一秒鐘的水量是一千立方公尺，大伙特別下岩洞觀賞，只見巨浪滔天，水煙瀰漫，實乃黃河另一「天下奇觀」吧！詩仙李白有「黃河之水天上來，奔流到海不後返」的詩句，是描寫此景嗎！至於「龍門急湍」，古有鯉魚躍龍門之說，以及大禹治水有功得舜帝賞識而禪位於他，所指或應是此地，只是目前已有公路橋與鐵路橋，急湍激浪經改善特殊景象已不在了。

運城前已說過是舜帝的國都。史稱蒲阪，更是三國蜀漢桃園三結義名將關羽的故鄉。大意失荊州兵敗死後，諡為壯繆侯。明朝萬曆年間敕封威遠雲天尊關聖帝君，並定為武廟主神，與孔子的文廟並列為文武二聖，在民間受到各界的廣泛崇祀，因而運城解

中國四大名樓之一黄河「鸛鵲樓」

王之煥銅像：白日依山盡，黃河入海流，欲窮千里目，更上一層樓

州的關帝廟不僅是規模最大，也是各地關帝廟的祖廟，總面積有十四萬平方公尺，世界各地信徒都來此朝聖關聖帝君呢！

鸛崔樓是黃河唯一名樓，在黃河蒲津渡西南，登樓遠眺雄偉的中條山，更可俯視波瀾洶湧的黃河水流，景觀絕佳。由唐代大詩人王之渙，「白日依山盡，黃河入海流。欲窮千里目，更上一層樓。」一詩可見證當時的鸛雀樓，該是文人騷客，達官顯要來往聚集之地，登樓觀賞，頗有同感，目前還有王之渙之塑像一尊，亦很傳神。再看鸛雀樓之宏大，更可知其重要性。蒲津渡位古蒲州城西門外的黃河東岸，自古以來就是秦晉來往之交通要衝，歷代都在此修造浮索橋，渡河後西往長安，東接洛陽。可惜因黃河時常泛濫而被淤沙埋沒或改道變遷而失去交通功能，渡口只見一片黃沙，人煙已較稀少。最近（一九八九年）在古道東岸挖掘出鐵鏈索橋的四尊鐵牛是兩岸索橋的橋頭墩，每尊約三十噸重，據史載乃唐開元時所建，可見至少在唐宋時代秦、晉、豫三地之來往，蒲津渡仍是重要渡口，何時被水淹沒由史學專家考證吧！

山西浦津黃河，山西與陝西渡河板橋之抗鐵鍊之「鐵牛」已找出四隻（山西都份），另陝西都份四隻因黃河改道，現仍在黃河水中

寧夏——銀川神奇之行

前面已說過中國黃河是世界唯一不能全程通船的大河，以前地理有句名言是「黃河百害」，但下一句是「唯富一套」，這一套就是黃河西套的銀川市地區，故大伙兒馬上決定到此一遊，以窺其真貌。銀川是寧夏省會，現在是寧夏回族自治區首府，是全區政治、經濟、軍事、文化、交通及商業的中心，也是中國歷史文化古城之一，最知名的西夏王朝就建都於此。西夏是党項族建立的帝國，唐代李元昊國王受封立國約二百年，所以光是帝王陸墓就有九座，陪葬墓有二五三座，布列有序，星羅棋布，以夯土建構，經歷這麼久遠，並未崩坍，除了氣候上雨量較少外，建構技術上更是難得一見。

青銅峽大霸是黃河上游段的最後一個峽口，大霸完成後形成水庫，是防洪灌溉的重大水利工程，相信銀川地區除了農業興盛外，更增加了重大的貢獻。而青銅峽一〇八塔正好在湖面上依山面水，更顯壯麗，尤其塔影映在金光閃閃的水中，景色奇特，幽雅清新。乘遊船渡湖登塔，不免入境隨俗禮拜佛祖，再向下瞭望如鏡湖水及岸邊一片綠野，心中一片開朗，有寵辱皆忘之感。

青銅峽108塔，在1958年完成中共第一座水壩山上，水庫有29條通溝應是銀川飲水灌溉富庶之來源

中衛黃河石林

中衛市黃河石林是整條黃河唯一的特殊景觀，據研究生成於距今四百萬年前的地質時代，由於燕山運動地殼上升河床下切而形成的地貌奇觀。景區內陡崖凌空、石柱、石筍等景象萬千，頗為奇特。來此觀景須先搭電瓶車，再乘手划羊皮筏子才能抵達，三人乘座一皮筏子悠遊黃河上，友人靈感一來大吟：「黃河之水天上來，奔流到海不復返」是詩仙李白的詩句，及詩人王之渙：「白日依山盡，黃河入海流……」真是瀟灑快樂。

沙坡頭騰格里大沙漠，是中國五大沙漠之一，而且堪稱最美的沙漠，主要是騰格里沙漠綿延萬里（騰格里是蒙古語形容大而美的意思），沙漠中也有一彎月形

在黃河乘水划皮筏一樂也

且終年不乾竭的月牙泉水池，而大沙漠中間被一瀉千里的黃河橫穿而過，沙坡頭在這沙與河本就不能相融矛盾之下，卻像被大自然鬼斧神工巧妙地聚合在一起；山、沙、河、綠園交相薈萃，尤其是黃河在此剛好有個S型的轉彎，極似中國陰陽太極圖。因此登上坡頂山頭，欣賞這極為自然瑰麗的地理風貌，堪稱世界一絕，照相底片用盡也絕不會後悔，回首領略一定終生難忘。

賀蘭山岩畫根據考證，已有三千年至一萬年歷史，可知當時氏族生活情況：放牧、狩獵、祭祀、戰爭，甚至交媾等生活場景，各類圖騰盡在其中，是研究原始藝術史者的文化寶庫。拜寺口雙塔，相傳其

沙漠面積有四百多萬平方公里，聚神山（賀芸山）、大漠、黃河、綠洲、草原於一處，亦是黃河第一入川口，月牙泉是沙漠中之奇景。

風格應為西夏王朝時的建築，歷經幾代的毀損與修繕，其內仍保存西夏藏傳佛教等傳統風格，如繪畫、雕刻、建築藝術等，是不可多得的珍品。

總之，寧夏銀川八日之旅，心想中國各地名勝古蹟多已遊覽過了，剩下這個不甚瞭解，又有些神祕的地方，「黃河百害，唯富一套」之說，至少得去見識一下其真貌。經此親身體驗，大伙兒都有豁然開朗，不虛此行之感。或曰：「黃河九曲富一套，遙想終生窺其貌。八日行程超所值，黨項商族通西貿。峽谷沙漠羊皮筏，物富民庶古今茂。賀蘭雄姿映銀川，塞上風光真美妙。」真是此次旅遊的寫實美照。

雲南——夢幻之旅

雲貴高原是地理上的通稱，尤其雲南省平均高度超過海拔二千公尺，尤其「滇西縱谷」，山高水深。因此整個雲南就有二十五個少數民族，風土民情各有不同，在歷史上至少有三個部落建立的較大古國，值得深入欣賞探究。

昆明市是雲南省會，當然是人口最多，也是中國西南部的交通、經濟、政治……中心，而且自古以來即是如此，清初封大將軍吳三桂為平西王，王府就在昆明，昆明市最重要的風景遊樂區之一是滇池，因此雲南即以此簡稱為「滇」。當然平西王府就建築在滇池旁最優美的湖邊，至今仍然雄偉壯麗，更是平西王與其愛妾陳圓圓深愛的府院呢！進府參觀，真是富麗堂皇，連吳三桂生前使用的大關刀都還秀出來展覽呢。

雲南四季溫和，滇池風景如畫，四周花草繁多且美，故昆明有花都之稱，也舉辦過幾次的世界花展，尤其茶花種類之多，種植面積之廣，非親臨甚境，無法相信。石林更是昆明最重要的景點，面積之廣約有四十萬畝，是世界聞名的喀斯特地貌，奇峰異石，依形象而名之，非常現實有趣，令人嘆為觀止。據史載為三國時代「異族」領袖孟獲盤據之地，屢次侵擾蜀國被諸葛孔明打敗，有七擒七縱孟獲之說，孟獲感其不殺之恩，終而歸順蜀國。但依地形觀之，四十萬畝之廣，又有天然石林為屏障，聚寨稱王亦不足為奇啊！所以昆明石林現在是旅遊界的聞名景點。而所謂「異族」或為現在昆明人數占多數的彝族，男俊女美，能歌善舞，親切待人，是為旅遊另一美談。

大理市是雲南西部的最重要城市，位處雲貴高原上最寬廣的洱海平原。西部有地勢雄偉且森林茂密的點蒼山，北面濱臨中國第七大淡水湖洱海，農牧業非常發達，自古以來就是一個自然形成的小王國，幾百年前史上的南昭國指的就是「大理國」。至今古城牆仍舊存在，城門、古街、老屋……都依稀可見。當地民族以白旅居多，忠厚樸實，到此旅遊與其來往，真有美好回憶。點蒼山是雲南有名的旅遊聖山，山麓中建有二座高聳的佛塔，東臨浩大的洱海，青山二塔倒映水中，乃大理市美景之一。武俠小說泰斗金庸先生所著「射鵰英雄傳」中的南帝北丐中的南帝，指的就是大理國王段玉裁，雖然小說有些繪影繪聲，但多少引用了歷史與地理背景，可知自唐宋以降，大理是個與世來往不易，但是個富饒自主的美麗「王國」。（P.S上述所見是二十年前所見的昆明與大理，現在或許都已改變成現代化了吧！）

麗江市是旅遊雲南省都會去的必遊城市，在雲南省西北部，尤其古城更是保護得非常完美。可說是山明水秀的世外桃源，人口以納西族居多，至今仍完整的保有唐宋

麗江古城古意盎然

元明朝代的風貌，如納西族的東巴象形文字，納西古樂，甚至納西語等，大伙兒都特別去觀看了解，欣賞表演，雖然演出者都已稍為年長，但保留文化的長存是特別有意義與讓人感動的。麗江主要是有一條清澈小河，源出山洞，流經麗江古城而得名的，整個古城可說是依小河兩旁建立而來。上千年來想當然耳亦是一個小王國，據史載明初朱元璋統一中國時，納西族歸順明朝，賜姓木，並封為世襲土司，至清雍正時採「改土歸流」政策才真正納入版圖吧！不過木府土司府至今仍然保存著，亦是重要景點之一。特別一提的沿小河欣賞古鎮，有許多或木造或石砌的小橋溝通兩岸，

「小橋、流水、人家」之美，真如似也。再者河邊小路都是方形石頭所鋪設，走在上面既清潔又舒服，兩旁土產店家也都很親切待人，實在是個適宜居住的好地方。走到木府前較大的廣場，名叫四方街，也都是較大的砌石所鋪設，整個廣場幾乎無一粒灰塵紙屑，經介紹說明，才知從古至今，每隔一段時間，他們會用木板在木府前橋邊，把麗江小河的水堵滿流出，用水洗方式清洗四方街廣場，真讓我們對麗江更深一層的感動與佩服。

纳西古乐源远

玉龍雪山，是來到麗江必到之處，乘大巴車及纜車到達雪山下的小平台，高度已超過海拔四千公尺，主要住民為藏族與納西族，在此是觀賞雪山的最佳台地。玉龍雪山是中國最南的雪山，高度約海拔六千公尺，當然是終年積雪，山腰雲霧繚繞，納西族人奉為神山，有許多神祕的愛情故事……據說雖然只六千公尺高，但至今世界上還沒有一位能登頂成功，連登喜瑪拉雅山珠穆朗瑪主峰（八八四九公尺）成功的登山專家，都是半途而廢，無法達成，據稱或更有堅持者也都一去不回，至今無法得知，更讓人有神祕不可侵之感。

虎跳峽與長江第一灣：虎跳峽乃長江上游金沙江，流經玉龍雪山與哈巴雪山之間的峽谷，長約十八公里，從山頂至谷底有三千七百九十公尺深，兩岸寬度極為窄小，水流湍急，河中有幾顆屹立不搖礁石，相傳古時有猛虎下山，腳踏河中礁石而躍過，故稱虎跳峽。到此一遊真有山高水深，氣勢雄偉之感。長江第一灣，就是上游金沙江從青海進入雲南，繼續南流於滇西縱谷之間，到了石鼓鎮或因山崖阻擋，或為「河川襲奪」（地理學名詞）之故，突然大轉彎往北流去，形成一個極奇特的景觀。

長江第一灣，從南往東北，麗江之北

虎跳峽江中墊腳石

中甸現已改名為香格里拉市，旅遊麗江多會一起欣賞。中甸位置雲南西北部，是四川、西藏、雲南三省交匯處，海拔有三千多公尺，主要住民為藏族，一九三〇年左右英國小說家詹姆斯・希爾頓據說曾經旅遊此地，發現此小村莊既神祕又和諧。被群山包圍著，並有兩個非常美麗的湖泊，可謂青山永在，綠水長流，四季花朵盛開，特別寫了「消失的地平線」一本遊記，稱此地為香格里拉，這個世外桃源，因而成名於世。是耶非耶，到此一遊或可證明。

瀘沽湖是遊覽麗江另一個必去的神祕地方，它位在雲南省北部，四川省西南部，是兩省共有的高原淡水湖，四川省占的面積還比較大，湖面海拔二千六百九十米，但大部分旅遊都和麗江連一起，原因是瀘沽湖雖含在四川涼山彝族自治區內，而湖區住民卻是世界極特殊的摩梭族——有女兒國之稱。雖然瀘沽湖風景極美，尤其湖東邊及南邊極大濕地長滿水草，有草海之稱，一望無際，美麗極了，所以瀘沽湖是中國六大美湖之一，絕對是個值得欣賞的高山湖景。不過通常來此的重要興趣，是探索上述摩梭族——女兒國的真象。該族自古以來，男不婚，女不嫁，是個以女性為主的社會，青年男女利用族群舞蹈時，或其他機會而互相認識，如進一步有所傾心，女方就告知男方她的住所，利用午夜在二樓閨房窗前點燃燈火，並放置樓梯，男方屆時登梯穿窗進入，等於是洞房花

中甸公園內之碧塔海（二湖之一）

燭之夜，並且約好以後見面時間，在天亮前必須「逃離」女家。據說其實女方家人當然知道，只是默認而已，時間可能是一生，也隨時可分手，生小孩就從母姓，且由女方撫養，當父親好像很不負責任，其實這個父親要養育的是他姊妹同樣所生的小孩，換言之，摩梭族的孩子是由母親、阿姨、外祖母及舅舅養大的，對摩梭族的家庭生活，覺得是非常異類！但他們卻都樂得如此，也見怪不怪，該族人特別說明，在摩梭族家庭裡，絕對不會發生婆媳姑嫂及妯娌之間的不合問題，反觀世今以來，華人的家庭糾紛，不就是從這些引起的嗎？

洛陽、開封、龍門石窟

洛陽位在中國的中原地區，從周朝開始，歷經漢、曹魏、隋、唐……有七個朝代皆建立為首都，是中國四大古都之一，歷史上與西方交易的絲綢之路，起點就是洛陽，隋唐以後京杭運河完成，南北交通中心點亦是洛陽。所以洛陽自古以來即為中國政治、經濟、交通、文化的中心，又因在洛水之北，黃河南岸，中原河洛文化自然名之，往後歷代飽經戰亂，「河洛」人紛紛南遷至江南，更達閩粵，而形成今日的閩南與粵東等地的河洛及客家文化，或可為脈絡尋根之依據，如開封有林氏始祖——林堅廟，或可為例證。

洛陽市的市花是牡丹花，每年四、五月花季牡丹花盛開，全城幾乎是牡丹花世界，有「洛陽牡丹甲天下」之稱，花色有紅、白、粉紅等種類繁多，應有盡有，堪稱一絕，是最好的觀賞季節。

龍門石窟

龍門石窟是中國四大石窟之一，就在洛陽南郊伊水河兩岸的龍門山和香山的崖壁上，依考據開鑿於北魏文帝時，經隋唐到北宋時共四百多年的大規模營造；所以至今仍存有窟龕二千多個，造像十萬餘尊，甚至碑刻題記三千六百多個，可說是中國四大石窟中，數量最多也保護最美好的第一名。大門前題有「伊闕」二字，相傳是隋煬帝在洛陽建立東都，皇宮大門正對龍門石窟所題二字，因此後世便以龍門石窟稱之。窟內雕像，當然以佛像居多，或碩大單一，或尊卑群聚，或慈顏善目，或嚴肅怒眥，形態萬千，短時間無法看完全部，實在可惜，但窟前有伊水大河，山河相映，可說石窟依山傍水，環境清幽，這與其他石窟截然不同。

白馬寺是佛教傳入中國後興建的第一座寺院，據載始建於東漢永平年間，可知從漢朝佛教已開始深入民間，才會把第一間寺院建在首都洛陽。嵩山是五嶽中的中嶽，到洛陽旅遊亦必拜訪，尤其嵩山少林寺、塔林更是名震天下，少林寺建於北魏太和年間，可知遼魏時期耶律皇朝不僅提倡漢化，更篤信佛學。少林寺因座落嵩山五乳鋒下腹地少室山的茂密林中，故取名少林寺，但自古以來，少林寺僧徒除深讀佛教經學外，更必鍛鍊身體習武，登臨寺中，見老少僧人誦經練功井然有序，所以自古就有「天下武功出少林」之說，且一直以來都被認為中國武術的發源地，連武俠小說亦有少林派之論述，雖為雜記小說，但實地參觀，目前少林寺有規模的實地教育與訓練已自成一格了，成功絕非偶然。

開封是中國的古都之一，史稱汴京，汴梁、大梁及東京，尤其是北宋時期京城，開封府及開封府尹不僅在當時馳名天下，尤其在包丞擔任府尹時的廉能愛民，更是史上有名政治最清明的一段佳話，在後世不只各類戲曲編劇，就是電影都列入拍片主題，並且尊包丞為包青天。因此到開封旅遊一定把包公祠列入行程。讓後人想到一位有為的政府官員，能使政風清明，社會安寧，且留名後世，人人稱頌。「正大光明」匾額正是包公祠明顯的寫照吧！另外到了開封更值得一看的是登封的嵩陽書院，前已敘述過乃中

開封鐵塔

國四大書院之一，據記載曾在此書院講學的大儒有范仲淹、司馬光、程顥、程頤、楊時、朱熹……等多位，由此可知四大書院在中國文學史上的地位是非常重大。

開封鐵塔是中國保存至今最早也是最高的琉璃磚塔，始建於北宋時期，已有上千年歷史，並且通體呈暗紅褐色，所以通稱鐵塔，由於年代久遠顯得稍為傾斜，有千年不倒塔之稱，常與意大利佛羅倫斯的比薩斜塔比美。再者，開封城北的黃河，因中上遊經過黃土高源及沙漠之故，流經此段已成緩漫流水，河底黃沙淤積越來越高，據專家測量黃河底部海拔高度，已比鐵塔塔尖還高，在前面有關寧夏敘述已說明，世界五大河流中唯一不利行舟就是黃河，且歷史記載黃河氾濫及改道，最大的有七次，小水災更難以計數，此高度比擬相當可信。旅遊界戲稱，到河南不到開封，不算來到河南，到開封不來開封鐵塔，等於不算真正來過開封旅遊的傲語。

湖南——峻山、麗水、古鎮之旅

有句諺語：「兩湖熟，天下足。」形容自古以來中國以農業為主，湖南湖北兩省，另一說兩湖指的湖是洞庭湖與瀋陽湖。如不遇到天災，風調雨順，收成良好，整個國家的財政就能平衡，人民生活必然安樂富足。大伙兒就決定來一次湖南山川名勝之遊。

首先談到湖南之美水，一定是洞庭湖，所謂「巴陵勝狀在洞庭一湖……」，在前篇岳陽樓已說過，在此不再贅述。張家界是中國旅遊重要名山，位在湖南省西北部，湖南省四條大河之一，澧水中上游，乘纜車上觀景平台，眼前所見到的是山谷中奇峰林立，隨時有雲霧繚繞，真有如山水國畫之美。再走一趟金鞭溪及十里畫廊，能見到的是異峰巧石，或如猛虎，或狀似老仙翁、美仙女……更在山泉飛瀑中有奇花異樹……。

湖南張家界之美景，世界少有

天門山是張家界群山中最高的主峰，因有一個自然形成的奇特天門洞而得名，自下而上，有中途無休息平台的千級階梯，拾級而上，須有十足勇氣及旺盛體力方能克服困難，因大伙兒都已年達七十歲的老翁啊！尤其天門洞蜚譽世界，曾有俄羅斯幾位女性飛行技師，冒險駕機驚奇穿過的表演，更馳名於中外呢！

張家界天門山

鳳凰古鎮，是旅遊張家界必去的景點，鳳凰古鎮被譽為中國三大古鎮之一，主要特點一是原住民以土家族為主，一切生活方式，食、衣、住、行仍有古老土家族的風格，尤其沿沱江（澧水上游），沿岸的峭壁上，仍保有其古式建築，石磨、火灶、食物保存……樸實的老街，沱江兩岸來往，早期石塊跳板，中期的木橋，現代的水泥大橋，一眼望去，遠近呈現，思古之景色自然流露眼前，或亦是古鎮之巧然安排。

黃龍洞亦是重要景點，天然的石灰岩卡斯特地貌，非常深遠，進洞後沿途石鐘乳、石筍、石柱，有的粗大到必須數人才能合抱，有細長且上下連接的「定海神針」，有可容納千人的「大巨蛋」，有可行舟的洞中河流……在世界上卡斯特溶洞之特殊地形應是有名的。

鳳凰古鎮沱江上的三橋景色

廣西——巴馬長壽村　德天瀑布

廣西省除了中外馳名的「桂林山水甲天下」，「陽朔山水甲桂林」，以山青、水秀、洞奇、石美四絕著稱外，西北部瑤族自治區的巴馬長壽村，是絕對值得一遊的奇特美景旅遊區。接受一群專家好手邀約，共同前往探其真象。從南寧乘車前往，一路有些顛簸（當時正在開發而已），到達巴馬村眼前一亮，天然美景真是青山如黛，秀水似玉，翠麗田園等就是中國山水畫差可比擬，尤其是阡陌的田園中，盤陽河（此地稱為母親河）左右拐彎，停車俯視，在廣大翠綠的稻田中居然有此大自然巧寫草書的「命」字，所以就以「命河」稱之。天然卡斯特溶洞水晶宮，各種形態的鐘乳石、石筍、石柱，仍保護得非常完整，或雪白純淨，或玲瓏剔透，可說是世界所有石灰岩溶洞中罕見的奇觀，大伙兒真又震撼又感動。

長壽村目前在全球據稱有五個，條件似乎是全村超過百歲的人瑞必須達八人以上。而巴馬長壽村百歲以上人瑞最多時有七十人之多，我們旅遊時有幾人不得而知，但在此看見許多仍然在田裡工作的七八十歲男女，他們都說還年輕呢！特別拜訪全村最年長的「黃卞村」長者，與他交談中仍耳聰目明，是清光緒二十三年出生，已高齡一百一十五

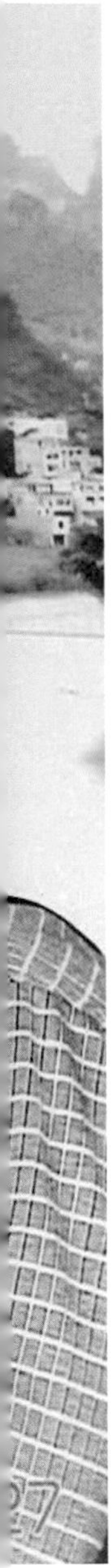

長壽村的命河

水晶宮

歲，特請合影以資紀念，禮貌上送上個小紅包，出門後發現竟有幾部遊覽車遊客皆有此同好，正在排隊等候，更知家有一老如有一寶之美詞，其寫照豈非如此。

長壽村之旅，最大感觸能長壽之要件有三，其一是自然環境，乘竹筏進龍盤陽河源頭，天波天窗——百鳥岩，那種全身舒暢，清涼快感及走一趟「百魔天坑」，才知長壽村空氣中所含有大量的負離子（據測試是超過數千），比我們負離子最多的南投溪頭（三千）還多幾倍，在此長住自然受其惠。其二是人為方面，瑤族自小生活在人人勞動的社會，男耕女織，就是到七八十歲仍很勤力，可說是鍛練得身強體健。再加上清新的空氣，甜淨的水質，果其然哉。不過據

巴馬長壽村的負離子超過三千

報載長壽村因其美，近每年有上百萬人來此旅遊，甚至不少罹患癌病者來此靜養，環境已受污染，甚至連河水也不如以前純淨了，如屬實甚為可惜！第三是飲食方面，瑤族食物是自種的青菜淡飯，清淨河水中的魚蝦，連肉類也是族中牧養的羊肉，相信沒有會傷害健康的外來農藥等污染物。另特別補充一點，在此旅途中之餐食，每餐都有一大碗青蔬菜湯，有一點點苦味，但食後口感甚甘美，名稱「火麻」能消暑退火氣，更做成乾餅，是當地的紀念食物，細查之下，與台灣中部夏天的美食麻薏同科，而麻薏是能提高免疫力，有防癌的蔬食之說，如果屬實，或可稱天地人三位一體，長壽村之福。

德天瀑布有世界第二大跨國瀑布之稱，位在中國與越南之間，長有一〇〇公尺，高約四十公尺，氣勢雄偉，瀑布旁有一國界碑，雙腳分踏中越兩國留影紀念亦是一景，自古即建築的友誼關城牆及城門，仍為中越兩國往來重要隘口，且保留完整，附近商家紀念品店皆以華語待客，或亦不足為奇。

德天瀑布

中國東北神祕面紗解惑篇

從歷史上看東北，是關外荒涼遙遠難及之地，雖然有些記載，但接觸不多，有稱幽州、營州，及中古的女真族，清朝的滿州族……最常見的通稱是關外之地，草原上的好戰遊牧民族，因此築長城以抵禦其入侵，山海關就稱天下第一關，被滿清突破入關，占領北京城，建立了史上的大清帝國，統治中國二百多年。其實地理上東北是個有很多寶藏的美麗地方；廣大的松遼平原，最大的長白山林區，廣闊的呼倫具爾大草原，最美的湖泊（長白山天池），還有古都、新城……真值得一一觀賞。

瀋陽故宮

瀋陽是東北第一大城，滿清入主中原後稱為盛京，在瀋陽故宮博物院保留很多值得探究的寶物。其建築很像北京的天壇，只是規模較小而已。清昭陵是清朝開國元勳皇太極及孝莊文皇后的陵寢，已被列為世界文化遺產，但在野史及民間戲曲中又常編成許多軼文故事，到此看到的是莊嚴肅穆的建築，至於歷史的真偽，隨編劇大爺及後人去想像吧！

哈爾濱市是東北的三大重要古城之一，金融工商業非常發達，尤其在清朝後期，俄國勢力進入，修築鐵路後更成為東北的交通樞紐，許多俄羅斯風格的建築及習俗依然可見，如遠東最大的東正教室、「黃金一條街」——俄皇所建的街道，據

哈爾濱最美之石砌路，又稱黃色一條街，是俄皇時代所建的，每一塊石頭約一銀元的價格

稱舖設路面的每一塊石磚，相當於當時一銀元，故以名之。俄式建築到處可見，甚為特殊，再者此地有名聞世界的冰雕展覽，尤其是冬天，為此而來觀賞的遊客更是絡繹不絕，其實在夏天也有特製的冰宮可供觀賞，宮內維持在零下溫度，冰雕宮殿，城市，歷史偉人等等，經各種顏色燈光照射，甚為美麗驚奇，也有小商家接待，坐在冰雕的座椅上，喝杯熱呼呼咖啡，倒也是哈市冰宮的美妙一景吧！

在冰燈室內喝一杯咖啡，坐冰雕椅子，桌子也是冰桌

大連旅順，是東北的大門，在遼東半島的南端，大連市自古即為重要商港城市，清末俄國占據時，有俄國風格，到今天仍有俄式一條街，商品大部分仍來自俄國，當可知大連市是整個東北重要貨物進出的商埠。旅順軍港自清朝開始成立海軍艦隊，主要是東臨黃海，西瀕渤海，與對岸山東半島的威海衛隔海相望，控制渤海灣，保護北京，更可知旅順軍港的重要地位。

長白山天池

「高粱肥，大豆香，遍地黃金少災殃……」形容東北的遼闊與富足，在歷史上曾為各強國所覬覦。但最值得看的是長白山與山上的天池，長白山是世界有名的休眠火山，也是中國最大的林區，山中盛產東北三寶之一的人參，所以長白山是來此旅遊的觀賞重點。「天池」更是最重要的景點，為中國與北韓（朝鮮）兩國共有的國界湖泊，是個天然的火山口湖，被稱為世界最高的火山口湖，也是中國最深的高山淡水湖，湖邊四周並無高山，更無河水流入，但湖水清澈美麗，且有一出口流出終年不絕，為

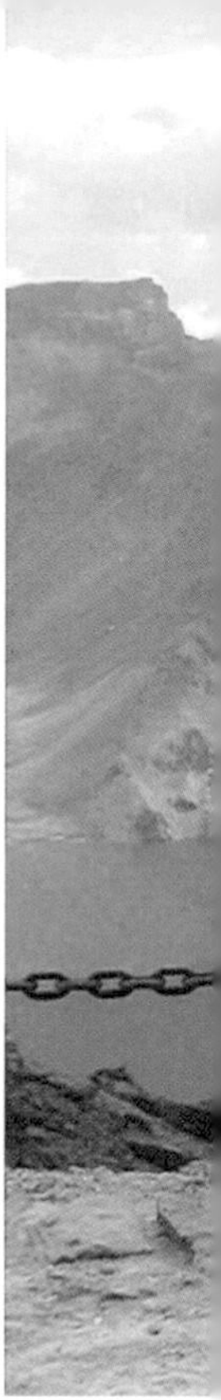

長白瀑布是天池留入
牡丹江之源流

牡丹江之源頭。又因海拔高度關係，時有雲霧瀰漫、籠蓋，據稱常有許多專程來此旅遊，欲觀賞天池之美卻未能親睹者，敗興而歸呢！因此民間有一傳故事：天上有一仙女下凡，驚見長白山上好風光，偶遇一位英俊青年，勾起一段美麗情絲，但不被天帝所允，奉詔返回，仙女百般無奈，依依不捨的離開，且流下一滴傷感眼淚，這滴眼淚就化成此湛藍的「天池」。這當然是神話傳說，但亦可說是來天池旅遊的另一美談吧！

山東巡禮

山東省可說是中國文化史最豐富的發源地，儒家的創立者孔子、孟子、墨家的墨子，以及古代有名的軍事家孫子、孫臏、吳起等皆出生於山東，故旅遊山東先以巡禮稱之。山東省通稱為山東半島，主要是半島伸入渤海與黃海之間，和北方的遼東半島隔海相對，控制著北京、天津等整個華北的海上出入。東又與朝鮮半島，日本列島遙遙相望，所以自古以來在政治上、軍事上、經濟上皆是重要樞紐，更曾是中外各國必爭之地。

山東濟南市大明湖

濟南市是山東省會，北臨黃河，沃野千里，上通北京，下達上海，自古就是交通、政治、經濟的重鎮。重要景點有大明湖、趵突泉、千佛山，尤其是大明湖，面積頗為寬廣，約占濟南舊市區的三分之一，湖中盛載荷花，盛開時可是滿城飄香，環湖四周又遍植柳樹，故有「四面荷花三面柳，一城山色半城湖」之說。再加上清朝劉鶚所著《老殘遊記》章回小說所記——〈明湖居聽書〉中：「一路秋山紅葉，老圃黃花，頗不寂寞」，濟南家家戶戶喜愛種花，進得城來，頗有花美書香之感。

曲阜市是孔子的故鄉，儒家思想幾千年來一直是華人文化的主軸，莊嚴肅穆的孔廟，及林木參天的孔林，孔家墓園皆是令人景仰值得一提的旅遊重點。春秋戰國時曲阜是魯國國都，山東省簡稱「魯」，其重要由此可知。

濰坊市自春秋時就有風箏之都之稱，到目前風箏仍是當地最重要的民俗技藝表演項目，以「世界風箏之都」而聞名於世，市景不少以製造及販賣手工藝風箏之商家。而且到處可看是小孩們甚至成人都以放風箏為戲，更有風箏博物館之展出，其材質、或布、或紙……真嘆為觀止。現在每年都舉辦世界風箏展覽及比賽的民俗表演，以風箏能成為世界聞名的地方特色，保留住古代被稱為「鳶都」之美名，實令人讚美。台灣各地特有民俗技藝與表演，當絕對保存並發揚於世才是正途，尤其是各地方（含都落）之民俗生態等，這是個人旅遊此地之一點管見與感觸。

曲阜孔廟

泰山乃古時皇帝登封之祭祀名山

淄博市位於濟南市與濰坊市之間，是魯北平原的淄川與中部丘陵博山市合併而成，蒞臨此地，主要在探討淄川在二千多年前是春秋時代五霸之首，齊國國都臨淄，土地肥沃，交通便利，商業繁榮，是當時世界第一大都市，比同時的歐洲羅馬帝國的羅馬市人口還多，據記載有二十萬人之數，博山靠中部丘陵區，煤礦儲量豐盛，當然是發展工業基本物品，現二市合併是山東第三大城市，魯山、沂水……等皆含其中，彷彿進入江南水鄉，頗有山清水秀之美感。

泰山是中國五嶽之首的東嶽，就在山東省中部群山中，主峰玉皇頂，海拔雖只一五二四公尺，但因山勢非常雄偉，能登頂成功亦要費一番體力。而且遠古至今，歷代各帝王都以能前來巡狩祭祀為登基皇位的重要禮儀，所以泰山有「五嶽獨尊」「天下第一山」之稱號。民俗中把玉皇頂稱為天上玉皇居住之所，故蓋了玉皇宮，且面向南方，外宮門就稱南天門。中國四大傳奇小說，明代吳承恩先生之《西遊記》中，孫悟空大鬧玉皇宮，後被飭貶為看守南天門之門神說。吾等大伙兒「登臨泰山已有小天下」之慨，再跨足南天門，進入玉皇宮敬祀玉皇大帝，更心有戚戚焉。

威海市，舊稱威海衛，位在山東半島東北部，北東南三面瀕臨黃海，更北與遼東半島旅順，大連隔海相望，自古以來就是非常重要的海軍港，因此兩個半島就成為北京、天津的犄角防線要地，世界海權開展，當然都是兵家必爭之地，威海衛就是在明朝時建立的，大清帝國的北洋水師也以威海衛及不遠處的劉公島為訓練基地，惜甲午戰爭被日本海軍擊敗，而成為中國國恥（馬關條約）。登島一遊，再觀看戰艦及海戰圖，令人不勝唏噓！

青島市是中國北方海岸的重要城市，山東東部膠東半島南端，也可說是控制膠州灣的門戶，膠州灣是黃海唯一的天然良港，故青島被簡稱「青」或「膠」，膠濟鐵路築成後更是山東省經濟，交通的聯絡口岸，所以其經濟發達程度排名在北方城市中僅次於北京與天津。孫中山先生在《建國方略》中的北方大港指的就是膠州灣，當然亦是青島市。再值得一提的是清末朝廷腐敗，中國被列強瓜分，山東半島劃屬德國占領，青島市之都市建設有許多類似德國，街道整齊清潔，下水道之建築不可諱言，在中國都市排名應是名列前茅吧！而他們所留下的青島啤酒，更是至今人人稱道的啤酒之王。

從威海衛看渤海及劉公島

貴州黃果樹瀑布

貴州省位處雲貴高原的東半部，全境約有上萬個山峰，自古對貴州省有「天無三日晴，地無三里平，人無三兩銀」之評，以前主要原住民是苗族的布依族，可知是個地瘠民貧的地方，但也因此有萬峰林之美，地勢高低不平，流水落差甚大，而產生許多瀑布。如馬嶺河峽谷中近百條瀑布，形成的彩虹瀑布群，真是絕妙景觀。

黃果樹瀑布就是貴州省群山中最大的一個，高度有八十米，寬一〇一米，不僅是中國最大，亦是亞洲大的，在世界亦排名第四大。其下流為北盤江及珠江（中國第四條大河），經廣州灣流入南海。瀑布水勢雄大，不僅有遠觀之美，更可在瀑簾下走道親近穿越，就是濺得全身濕透大伙兒都有不亦快哉之樂。

在萬峰林中雙乳峰是天然奇景，應是上帝造物之傑作。因「地無三里平」，苗族在較為寬大的山谷中，仍有許多努力耕重的田地，形成美麗的梯田。且較大的河谷平原也有肥沃的田園，從峰林中往下望極像八卦圖的「八卦田」，就是旅遊此地的重要美景。又因叢山峻嶺，古時交通不便，苗族各族可能來往不易，或是各自努力，封閉自主，故

貴州雙乳峰

貴州八卦田（另一說是古夜郎國）

有「夜郎自大」之說，「夜郎」即是史記西南夷列傳中的「夜郎國」，據考證即是貴州千山萬壑中的小部落，當可信之。

黃果樹瀑布

蛻變的海南島

海南島是中國大陸南方，南海北方的大島，面積略小於台灣，古稱瓊州，隔瓊州海峽與廣東雷州半島相望，原住民以黎族居多，最高的主峰黎山才一八四〇公尺，自古即被稱為化外之地，如宋朝蘇東坡就曾被降貶來此，十多年前第一次與多位友人安排旅遊，出發前曾被家人阻止，並說「那個鳥不生蛋的地方有何好玩」，但行程已確定，且是中國最南端的大島，總希望探個明白。

環島一周，所見的海南島竟是如此美麗。尤其是三亞的美，無論是夠水準的五、六星級飯店，整齊的住宅公寓大樓，花園，寬敞的沿海岸公路，加上整排的椰子樹，

海南島三亞沙灘比美夏威夷

博鰲歌劇院

接著是幾乎是無一根雜草的綠地，再往前走是一片白色沙灘，來自中國北方各省及各國遊客，或躺著曬太陽，或戲水弄潮，人數之多真不敢想像，旅遊界形容三亞海灘之美有「東方夏威夷」之稱，倒是不假。個人曾特別深入問詢，原來三亞有整建及環境美化的特別費用，顧用許多環保人員，分區段負責保養整理，所以整個海灘，綠地會如此乾淨整潔。

因為已有如此美麗可觀的環境，加上許多新興的大建設，如「美麗之冠」的大會堂，就連續幾年在此舉辦世界選美大賽。博敖更是中國每年邀請各國領袖舉辦的「博敖會談」的地方，除了會館之壯觀，主要是地處三江會口，被綿延數里長

博鰲沙灘

的優美沙灘隔絕，有如內湖，沙灘外就是南海，乘船登臨沙灘，赤腳在灘上嬉戲，迎接海浪的（簇擁）清洗，真是清涼無比，不亦快哉！

乘纜車登猴島，只見在樹林中，在岩石上，到處都有牠們的蹤跡，或老或少，或嬉戲或悠閒，千奇百態應有盡有。更有猴子戲班各種表演，令人稱奇也是一景。

海口市是海南島省會，自古即為進出海南島的重要府城，現在高樓大廈到處都是，已成一大都市當可想而知。古時海南島是中國最南端的領域，而島中最南端的儋耳珠崖更是極南之邊陲，在峭壁上還留有蘇東坡所題「儋耳」二字呢！

揚眉吐氣的內蒙古自治區

現在所稱的內蒙古，應是包圍著外蒙古的東北興安省及華北的察哈爾與綏遠兩省。氣候較為乾燥的草原，沙漠型地區，中國歷史上通稱為塞外邊陲地方，主要生活以牧業為主，尤其是鄂爾多斯草原及呼倫貝爾草原，是中國最大的兩個草原，所生產的羊毛是最頂級的，其毛織品更為人所稱道。這是一般遊客或貿易商家到內蒙古的重要購買物品，並不是先入為主的觀念吧！

前些時候受邀前往參訪旅遊，才知道現今的內蒙古真是「值回票價」的美好景點。呼和浩特市是內蒙古自治區的首府，北依陰山，南臨河套，也就是「黃河百害唯富一套」的東套，原名歸綏是綏遠省省會，從漢唐以來直到清代，才安定的邊遠地方，故稱綏遠省，現已劃為內蒙古自治區，今仍為首府。很早就是黃河中上游水運貨物的終點站（皮筏），及有東河、西湖、大黑河三水之水利流暢，農業發達，再經平綏、綏寧鐵路的建築完成，交通便利商貿繁榮。即為農牧文化交界地帶，更是北方民族與中原帝國爭奪重鎮，所以來此一遊，真是不虛此行，收穫良多。

成吉思汗陵是鄂爾多斯草原的重要景點，前面已敘述過蒙古人的習俗是不留陵墓，史傳成吉思汗最後或謂在六盤山打獵，亦謂在賀蘭山打獵落馬而亡，但至今仍找不著葬身陵寢，故此陵仍衣冠陵，更可知蒙古人對成吉斯汗的尊敬與崇拜。

響沙灣是草原中的另一特色，在一望無際的沙漠中，微風吹過徐徐作響，蒙古人稱為會唱歌的沙子，所謂一沙一世界之名句，到此油然領悟。穿上長統沙鞋，爬到沙漠頂端再滑沙而下，再一次騎駱駝徜徉在沙漠中，不亦快哉。

接著搭乘火車到錫林哈特，沿途多是一大片草原，住進很先進的蒙古包，觀賞蒙古族俊男的精湛騎射特技，美女的美妙歌舞，加上炭烤乳羊的全羊大餐，真是既美味又享受。

成吉思汗陵

內蒙古滕格里沙漠

內蒙古的「揚眉吐氣」，據報載在經濟財政上的收入，已列中國省籍的前十名內，旅中順勢觀察了解一下，「揚」就是「羊」，羊毛之盛產及質量之精美，前已說過不再贅述。「眉」者「煤」也，內蒙古許多地方盛產煤礦，煤又稱烏金，尤其是鄂爾多斯高原的煤礦是淺層，甚至亦有是露天的，不僅開採容易，且儲量非常豐富，故沿路所見運煤大卡車幾乎成列排隊，是出口大宗。「吐」是最近科技進步所需要的「稀土」，此地亦有很大儲存，是世界先進大國所覬覦的，已變成內蒙古的龐大收入。「氣」就是天然氣，是目前大部分家庭日常生活的必需品，內蒙古天然氣產量也是名列前茅。所以以前感覺內蒙古是生活較艱苦的地區，現在是「羊煤土氣」——「揚眉吐氣」了。

北京

北京市在中國歷史上，三千年前秦漢時代就是華北的重要城市，軍事上屬華夏民族必爭之地，商業繁榮，名稱先後有薊州、燕都、燕京等。最重要是蒙古人進入中國定都後，明清兩個朝代亦先後建都於此，尤其是明朝燕王朱棣篡位稱帝為明成祖，從南京遷都於此，開始大力興建。今天所看到故宮、天壇、萬里長城，都是當時新建或修築的。再加上滿清入關後更大事新加建築，如頤和園、圓明園（八國聯軍入侵已被毀損殊為可惜）等……許許多多真值得細細觀看，慢慢欣賞。

故宮就是舊稱的紫禁城，已被聯合國列為世界文化遺產，光是宮閣就有九百九十九間，庭台廊道花園，真是深遠遼闊，據介紹占地面積約有三十萬坪，建築物面積約六萬坪，加上每個宮殿都是雕樑畫棟，尤其是金鑾殿皇宮，更是雄偉壯觀，明清兩個朝代廿四皇帝真是天之驕子啊！

天壇亦是明成祖所建的偉大建築，明清兩代皇帝每年率領群臣祭拜天地，祈求國泰民安，風調雨順的祈年殿，雄偉獨立，睹物思情，封建時代英明君王果能誠心祈求天下太平，乃萬民之福也！

北京天壇

頤和園是清代乾隆皇帝所建的皇家行宮，占地約三百公頃，尤其到光緒年間慈禧太后再大力整建，可說是依萬壽山，傍昆明湖，加上人工與自然巧妙結合而成，宮殿樓閣精雕細琢，美輪美奐。長廊壁畫艷麗寫實，乃建築與藝術界的頂級之作，據言時有專家

紫禁城全景（從梅山拍攝）

學者蒞臨頤和園觀賞。再乘船遊湖一趟，所見更是萬壽山的林木青叢，昆明湖畔的繁茂花卉，和富麗堂皇的宮殿互映如畫，已被聯合國評列為世界文化遺產。

萬里長城，旅遊北京必會安排觀賞的定點，萬里長城早就被聯合國列為世界七大文化遺產之一。在中國春秋戰國時代，距今約三千年前，為防禦北方外族入侵而修築的，所謂東起遼東山海關，西至甘肅臨姚嘉峪關的長城，也就是當時的齊、燕、魏、趙、秦等國基於此相同目的，先後興建的國防工程，到秦始皇統一中國後加以連結而完成，長城偉大之處，是建築在每座山的山陵線上，以當時的人力物力，真是難以想像。又因時間已久遠，有自然風化毀損現象，但歷代為防禦北方外侮之騷擾，必須經常修補，據史載目前觀賞的萬里長城，是明成祖稱帝後大事修建完成的。另以其為宣揚國威及貿易通商等，曾派鄭和「七次下西洋」之雄才大略，當可信之。今科學進步，人造衛星，太空人已多次來回地球，或有自傲者稱，從太空中觀看地球，萬里長城是唯一能看到的建築物，是耶非耶，登上長城總是個人旅遊的重要心願之一。

北京頤和園

南京

南京市乃長江下游最大城市，亦是中國華東地區之重鎮，古稱金陵、秣陵，三國時期東吳孫權建都於此，名為建業，東晉時代改稱建康，並立為國都，及後來的宋、齊、梁、陳等國亦以此為都城，就是明太祖朱元璋建立的大明王朝也建都於此，後因燕王（明成祖）即位遷都北京，改稱南京而定名。

南京市之所以能成為六朝國都，主要是長江環繞西北兩面，形成防北入侵的天險，城東又有雄偉壯麗的紫金山，也稱鐘山，山下西臨風景優美的玄武湖，而湖西又靠明朝古城牆，故南京素有「龍蟠虎踞石頭城」之稱。而玄武湖雖是市內明湖，因東枕紫金山，林木茂盛，湖中遍栽荷花，乘船遊湖可見到山、水、城、樓、茂林花卉渾然一體，風景之美與杭州西湖、嘉興南湖，被稱為江南三大明湖。

明孝陵是明代開國皇帝朱元璋和馬皇后的合葬陵墓，朱元璋定都南京，崩世後後人就擇紫金山麓福地為陵寢，而此陵的建構規模與藝術，也就成為明清兩代各皇室陵墓的形制，如北京的明十三陵及遼寧清朝各代的皇陵，多依明孝陵的規劃和模式，整座陵寢四周的喬木蒼天，陵前長路兩旁的數十尊石刻雕像，都是非常受注目的藝術品。所以明

南京明孝陵

孝陵建築的壯觀宏偉及石刻藝術，是旅遊南京的重要景點與收穫。

夫子廟就是孔子廟，在南京通稱夫子廟，始建於宋代景祐年間，據史載朱元璋立國定都南京後，增建為殿考貢院，明成祖雖遷都北京，仍增設為殿試南院，又因廟旁即為唐宋以來文人騷客經常會聚的秦淮河，故夫子廟不僅是歷代學子集聚參拜之聖廟，也是商旅沿河群集之地，個人到此一遊，不得不說目前的夫子廟，沿秦淮河幾乎已成為像台北士林夜市一樣的商圈；家庭用品、成衣、紀念品、美食街……人群聚集好不熱鬧。但依個人想法，秦淮河自古以來之特點並非如此，與數位好友入夫子廟聖殿敬拜孔聖人及參訪南貢院外，更沿河探訪歷史文物，果然發現一弧形小石橋，過橋小巷中發現仍保留著宋代宰相王導、謝安等名人的故居，雖然需花點進入參訪之門票費，倒是值回票價，唐代詩人劉禹錫「朱雀橋邊野草花，烏衣巷口夕陽斜。舊時王謝堂前燕，飛入平常百姓家。」想像中的朱雀橋，烏衣巷，及宋朝名相王導、謝安等名人故居烏衣巷真是如此啊！

秦淮河是南京市的母親河，沿河兩岸自古即為繁華富庶之地，尤其是夫子廟一段，早就被稱為「十里秦淮」，乘船夜遊秦淮河遊艇穿梭如織，只見如畫般燦爛輝煌的燈光，熙來攘往的人群，年代雖不可同日而語，但忽然想到唐代詩人杜牧的泊秦淮：「煙籠寒雨月籠沙，夜泊秦淮近酒家。商女不知亡國恨，隔江猶唱後庭花。」到是頗有感觸，更可證明秦淮河自古來即為名人商賈，文人騷客往來應對之「十里洋場」。

南京秦淮河

上海黃浦江（上海灘）

上海、蘇州

上海市位於長江出口三角洲上，舊市區是黃浦江與甬江會合處，自古即為交通便利，農商薈萃之地，尤其到清代中葉以後，外國勢力開始進入中國，門戶洞開，經商貿易等被迫開放（當時尚屬閉關自守狀態），上海市成為各國與中國來往的焦點，或侵占或租借，大事建築一一在黃浦江邊中國各地人力物力亦漸注入上海，上海就成為第一大城市。如至今仍感覺非常壯觀的西式建物，依然存在；有銀行、有商行、有領事館、有商業大樓……黃浦江對岸的浦東地區又有計劃的開發，成為經貿工商業區，如東方明珠塔等。所以江邊通稱外灘，就成為上海市民與遊客必到的景點，熙熙攘攘非常熱鬧，可說是旅遊上海一景吧。

上海市簡稱「滬」，凡江河流入大海處通稱滬或瀆，上海有條松江河，流入長江而出海，故老地名為滬瀆，因此歷來都以「滬」名為其簡稱，（如台灣淡水鎮舊名為「滬尾」，乃淡水溪之出海口村鎮，當亦如是。）後來為使上海更能發揮「地盡其利，貨暢其流」在滬杭甬及京滬鐵路興建成後，不僅水上交通便利，陸路交通更是發達，上海至今就一躍成為中國第一大商埠，加上長江口南面，沿海深水港碼頭的建設完成（目前遠洋貨櫃輪已無法或無須經黃浦江入上海），上海之貨櫃進出量等……據報載已列世界重要港市之前茅了。所以上海已成為中國大陸經濟、金融、貿易的中心城市，更是與世界航空來往的樞紐。

蘇州市東依上海，西臨太湖，自春秋戰國時代即為吳越的富庶平原地區，旅遊上海、南京當然是必經之文化古城，首先談太湖是中國第三大淡水湖，可知因為水源充足，湖泊四周都城皆為富庶之魚米之鄉，無錫市即有中國四大米市之一。湖中有許多島嶼，或大或小，不僅形成自然山水美景，當亦是水上漁家捕魚，航道指標，或休憩之所吧！著名的太湖黿頭渚，就是乘船遊湖重要景點，以其石頭聳立湖邊，形似昂首之黿龜而名之。蘇州市更是太湖平原與長江三角洲魚米之鄉的中心都市，自古與杭州市並稱「上有天堂，下有蘇杭」之美稱。歷史上親王重臣，達官顯要，都喜歡被冊封之寶地，所以更有狀元之鄉，院士之鄉、經濟重鎮等文化名稱，在此生活富庶，生活水準自然提高，民間俗語：「就是和蘇州人吵架，聲音也很溫美好聽。」拙政園，是蘇州兩百多林園的代表作，不僅最大最美，樓閣、亭台、花園、水池，皆是古式中國建築佳作，與北京「頤和園」，熱河承德「避暑山莊」，及蘇州「留國」，並稱為中國四大名園。再此更值得一提，拙政園是明朝正德年間，卸史大夫王獻臣所建，主建築雖雕龍畫鳳，但龍爪只有四爪，以示尊皇避嫌之尊卑內涵，或可為歷代政治史一例證。現在列為世界文化遺產。

蘇州拙政園

蘇州市自古即為繁華富庶之區，達官貴人喜觀居住之城，如上所述名園、寺廟，史載有一二百座，但更值得一遊之地，就是寒山寺了，其實寒山寺並不是多雄偉壯麗之寺廟，主要因唐朝張繼大詩人，乘船至蘇州城外夜泊楓橋，提筆完成夜泊楓橋的千古名句：「月落烏啼霜滿天，江楓漁火對愁眠，姑蘇城外寒山寺，夜半鐘聲到客船。」因此形成中外旅客，至蘇州旅遊，總想親睹一下寒山寺，甚至親自撞響名鐘，體驗名詩之感人故事。

寒山寺之聽鐘石

福建——廈門、鼓浪嶼、武夷山、土樓

史載中國中原戰亂時期，河洛一帶民眾紛紛南遷，最後多數定居福建南部與廣東東北部，而且比較早來的通稱閩南人，講的活語叫閩南語，稍晚移民來的多住在山區，稱為客家人，講客家話。廈門市就是閩南的廈門島都市，自然變成閩客人對外的交通及商貿重鎮。明初鄭和七次下西洋，除宣揚國威外，也是與西方經貿貨物交換的重要開端，廈門市更成為中國對外的重點都市。尤其是清代戰後，開放五口通商，廈門就是其中之一。再加上閩客人的勤勞刻苦，並富有冒險犯難精神，大量移民台灣與東南亞各國，並努力開發建設，從許多成功範例都有可循；如廈門（含金門），今天最常見及保留的華麗古厝，乃許多旅居國外的閩客豪門返鄉整建的，睹物思情更為明證。

鼓浪嶼是廈門旁的一個小島，面積不到二平方公里，因島的西南端有一個受海水侵蝕的岩洞，每當遇海浪衝擊，就會發出如打鼓的聲音，因此稱之為「鼓浪石」，後來就得名為「鼓浪嶼」。清朝戰敗後割讓給英國，應是當時外國商旅貴族豪門的居住休憩之處，所以島上仍留有許多西式豪華別墅，或可視為另一景觀，如「菽莊花園」、「皓月園」等許多景色極為宜人，且多為原屬當地富商致富返鄉興建之私人花園，加上西方貴族的園庭

早傳入西樂，尤以鋼琴為最普及，幾乎家家戶戶都以能有一座鋼琴及小提琴自豪，所以鋼琴之多為中國之冠，且目前就有「鋼琴博物館」，展出世界最早的四角鋼琴及最大的立式鋼琴等，介紹世界鋼琴發展歷史，種類與數量之多另人嘖嘖稱奇，展現出鼓浪嶼音樂及鋼琴之島的形象。因此鼓浪嶼擁有「海上花園」、「鋼琴之島」、「音樂島」等美稱。更因如此島內除環島電瓶車外，其餘燃油車輛都不能上島，汽車、機車都沒有人們在島上皆以步行為主，又有「步行島」之稱，以目前社會對環保的重視，環島漫步所感受的幽靜氣氛，真令人身心愉快，以上所述必是各地遊客喜歡來此的原因之一吧！

土樓之旅：土樓大部分建築在福建省的西南部，是從宋、元、明、清，甚至到民國初年，長時期當地居民獨有的夯土牆壁所構成的樓房，不用鋼筋水泥（當時亦沒有）結構奇巧，雄偉大方，功能齊全，內涵豐富，族人上百戶群居一起，不僅互通有無，更具有防衛盜賊搶劫之效能，依統計數量有三千餘座，多屬客家人所建，在福建永定、南靖、華安等境內最多。我們特別到永定「振成樓」參觀，只見五六層高的圓型圍樓，乃就地取材，或有吸收中國傳統建築的「風水」理念，外牆夯土結實，住民雖有近百戶之多，但起居房室分配得宜，甚至還有演戲樓台，可知客屬同胞團結努力的硬頸精神表露無遺。

福建永定振威樓稱為中國「土樓之母」

如是所知，「土樓」是世界獨一無二的山村居民特殊建築，具有極高的歷史背景，且在世界建築史一定有其藝術價值，已被聯合國正式列入世界文化遺產名錄，據說近幾十年來科技發達，人造衛星滿天飛，圓型土樓從高空探看有如飛碟，故福建土樓亦被稱為地上飛碟，真可謂嘆為觀止的世界遺產吧！

以上所述的中國旅遊記趣，其實中國地大物博，山高水長，且有五六千年以上的悠久歷史，個人雖然花了二十幾年的時間，也跑遍了整個中國的大江南北，但總認為只是鳳毛麟角而已，雖然今天的交通發達與便利，也絕對無法窺盡其全貌。

簡言之，如從西端的帕米爾高原往東，南

面有世界最高大的喜瑪拉雅山脈，中間通稱的崑崙山系及天山，北邊阿爾泰山；其間有西藏高原，滇西縱谷的山高水深，南北疆、蒙古、甘肅、寧夏……等大沙漠，您會認為中國是個不太適合人居的荒野之地，但其中卻孕育著幾百個特殊文化水準的少數民族，生活悠閒安逸，真是個世外桃源。再往東走依黃河、長江、西江、松花江……等大河及其支流之串連，直到海邊，感受的又是秀麗山川美景，甚至是富庶的水鄉澤國，加上幾千年來各個朝代的立國建設，保留下來的文化遺產，又是另一個優美的景觀。上述全篇各省的遊記或已概略陳述，不再贅言。想起中國明末清初名人徐霞客先生，靠一己之力（非官方贊助），能幾乎遊遍中國，且巨細靡遺的記錄下來，內容包括地理、水文、氣候、風土人情、歷史古蹟……，以當時的交通狀況，人力、物力、資源之不足，卻能完成此巨作，實在令人感佩萬分。個人之所以喜歡旅遊，多少是徐霞客遊記的影響吧！

寶島台灣篇

台灣高山景色

台灣之能被稱為寶島，除了是個人土生土長的親切土地外，從歷史、氣候、地形、地質、人文……等觀之，世界各國人士皆有許多贊美之詞，尤其只要來過一次以上，更加如是。「美麗之島」之美譽，是幾世紀前葡萄牙人海運強盛時，經過台灣海峽看見如此美麗之島而稱之為「Formosa」，留傳至今。

台灣地處亞熱帶氣候型，春夏秋冬四季分別不大，各種作物自然環境就能終年生長，再加上幾十年來農漁經濟的改良，更是物產豐富之島。地理學上台灣島是世界少有的特殊地形，地處亞洲東部，西隔台灣海峽與

台灣清水濕地

歐亞大陸相望，東臨世界最大的太平洋，海溝深達數千公尺，全島面積雖只有三萬六千平方公里，其中七成為山地與丘陵，平原多集中在西部只占不到三成。但三千公尺以上的山峰有二百座以上之多，所以台灣雖面積不是很大，地處亞熱帶，卻有熱帶、溫帶，甚至寒帶的氣候與產物，尤其是森林，在此皆能見到，如皚皚白雪，冬季在台灣許多山上都能觀賞，連滑雪場在合歡山都是設備齊全。

而台灣最寶貴的是住在島上的人，不論原住民，及幾百年來大量移來的閩南人、客家人，或因歷史因素後來的中國大陸同胞，皆能以語文、

中橫公路最高點，海拔3275公尺

婚姻等相互溝通，融合一體，產生寶島台灣特有的人文：親切善良，客氣禮貌。加上國內外人士對旅遊的興起與發展，台灣自然美景與文化遺產當然是世人所樂道的如：日月潭、阿里山、野柳美人石、雄偉的玉山、立霧溪太魯閣的大理石河谷、清水濕地、墾丁南灣……世界珍寶的故宮古物、各地各種宗教文化、美食文化、原住民各族文化……多得不勝枚舉，國內旅遊人數的增加暫且不談，外國來寶島觀光旅客，從桃園機場入關統計已超過千萬人，Formosa已成為世界旅遊界的重點，你我都有榮焉！

世界各地國外旅遊篇

近幾十年來拜科技之進步，交通的發達，及相關文化環境保護等提升，使旅遊業蓬勃發展達到了高峰，如前所述個人本來就喜愛旅行，因此特擬定了所謂的世界十大自然美麗景區、七大文化遺產，及特殊的地理景觀與各國保有的城堡、宗教博物館……等等人文景觀，利用工作閒暇之餘，尤其退休十幾年來更積極安排，幾乎走遍世界七大洲重要景點。在一起同行好友的鼓勵下，希望個人能動筆寫些旅遊記趣。私下以為七十七歲高齡，早已文思枯竭如何下手，但又想閒著也是閒著，就當作是一般生活記錄吧！即使貽笑大方，又何妨呢！

埃及

世界四大文化古國，指的是尼羅河流域、兩河流域（幼發拉底河與的格里斯河）、印度的恆河流域及中國的黃河流域。通稱有水的地方才適合人類居住，所以上述四大區塊自然成為人們聚居之所，而形成國家，更產生了其特有的文明，又因年代已久，故稱為文化古國。

埃及就是尼羅河文化的代表，且是目前發現年代最早的，距今已超過六千年以上，文化之旅埃及當然就列為首要之地。金字塔是埃及的地標，被列為古代世界七大奇蹟之一，相傳是古埃及法老（國王）的陵墓，主要是正方形的基座，四面則是相等的三角形，從四面看很像漢字的「金」字，所以都以金字塔稱之。據考古學家考證，金字塔之建築應該已超過五千年，但我們到金字塔實地觀察，離首都開羅不遠幾十座大小金字塔皆非常壯觀，由每塊約二、三噸重的石灰岩石塊堆砌而成，而且都處在沙漠上，據了解附近並無此石塊，如最有名的卡夫金字塔，就需用三百萬塊才能完成，以當時的人力、物力，如何從遙遠的地方（至少上千公里遠以上）運來，又如何堆砌而成，至今仍為科學界之謎！

埃及另一地標就是考夫金字塔旁的人面獅身像，也是石灰岩塊，但長有七十幾公尺，寬與高皆約二十公尺，據考證是在哈夫拉法老統治期間所建，相信是現今最古老的紀念雕像。依個人觀察雖因時代長遠，雕像表面稍有風蝕脫落，但仍栩栩如生，尤其這麼大的石塊又如何運來，推砌雕塑而成，考古界之迷解否？不得而知？

埃及古首都底比斯，或稱路克索，也是到埃及必定前往的旅遊重點，主要是欣賞已有四千年之久的大神廟，其中不少已倒塌成露天博物館狀態。但從建廟神柱上觀之。為數有上百根，甚至有許多周圍須五六位成人方能合抱之粗大，由此可知古埃及帝國在當時之強盛與專橫，據考證是法老圖特摩斯三世所建的。

木乃伊是古埃及人的另一文化產物，由於古墓之挖據出土，現在光是公開展現在開羅的博物館（西元

埃及金字塔

一八五八年法國人馬里埃特創建的）就有成千上萬的各種木乃伊，及其他附屬品，除了許多法老及后妃的木乃伊外，連貓、狗等木乃伊都有，較珍貴如圖坦卡門法老的黃金面罩，及他的身穿衣物、生活起居日用品……走一趟開羅博物館該明白是古埃及文明的縮影，而木乃伊更是主要的代表。

如上所述，世界文化古國一定是在大河流域，古時以農業維生，必須有水源才能生存，所以尼羅河就是埃及的母親河，尼羅河發源非洲中部的維多利亞湖，由南向北流，全長有六千八百多里，流經九個國家，是世界最長的河流，因上游屬熱帶雨林區，夏季水量充足，水流到埃及屬沙漠地區，幾乎每年都會氾濫成災，但也造成肥沃的良田，以及埃及古文明的來源。因長年的定期氾濫，而且時間很是固定，所以目前所使用的太陽曆曆法即是埃及人所演算出來的。

路克索神廟神柱之粗壯

埃及地標人面獅身像

阿布辛貝神廟令人體會埃及的天文曆法

旅遊埃及更值得探究的是世界文明的進步，為防止尼羅河水患，上世紀中葉（一九六〇年）埃及在尼羅河中游亞斯文市興建亞斯文大霸，堵住水流形成世界著名的亞斯文水庫，當然主要是防洪、灌溉、發電、用水等，使尼羅河更成為埃及的母親河。但水庫興建完成，會淹沒許多重要建設與古物，最重要的是阿布辛貝神廟將沉入湖中，而阿布辛貝神廟是三千多年前埃及法老拉美西斯二世所建，且是依峭壁挖掘之雄偉建築，從殿門至大殿的長廊就超過六十公尺，大殿供奉的就是法老王拉美西斯二世及太陽神阿蒙拉，及冥界之神普特等三尊神像。且依埃及陽曆推算，每年春分、秋分二日（中國陰曆的節氣），太陽光線能穿過長廊直接照射到三尊神象，可見埃及人在三千多年前的天文曆法已是非常科學與精確，因此在興建水壩前聯合國文教組織，即募資三千六百萬美金，將阿布辛貝整座神殿切割成一千多個石塊重新組裝，上移二百公尺，離開水面有六十公尺高，才解決了神殿可能被淹沒的情況，保護古蹟成為世界美談。

路克索神廟之方尖碑

方尖碑亦是古埃及文明和金字塔同樣齊名的代表，採埃及南部亞斯文地區的花崗石岩雕刻而成，高可達十幾公尺的四方型尖頂紀念碑，相傳亦是法老王拉美西斯二世所建，整個造型像是對太陽神的崇拜。不過當古埃及衰亡後，或當紀念品送給統治者，或被列強所搶所拐所騙，大部分都遠離埃及；義大利在古羅馬時代曾統治過埃及，因此光義大利就擁有十一座埃及方尖碑，而法國協和廣場的方尖碑是埃及總督把路克索神廟前兩座之一，送給法國路易十五的大禮物。至於其他國家或地區就無法一一列舉了。

土耳其

土耳其主要是安納托利亞高原的半島地形，北瀕黑海，南臨地中海，再加上巴爾幹半島西北部色雷斯的伊斯坦堡，所以說是橫跨歐亞兩洲的國家，自古即為東西方來往交通樞紐及通商留易的要衝。從歷史觀之，也是兵家必爭之地。故在文化遺產上有其重要地位，又因介於兩海之間的高原地形，自然景觀有許多值得深度探究的美景。

首先談到位於歐洲部分的伊斯坦堡，是土耳其的故都，後來才遷到半島中部的安哥拉市，伊斯坦堡古稱君士坦丁堡，是羅馬帝國分裂為二時，

跨越亞歐陸地的博斯海峽大橋

東羅馬帝國君士坦丁大帝建為國都的城市，故長時期以君士坦丁堡名之，到鄂圖曼土耳其興起，於西元一四五三年，滅掉東羅馬帝國，改稱伊士坦堡至今。因此是土耳其最大城市，當然亦是歷史、文化及經濟中心，又因與土耳其半島之間是博斯普魯斯海峽、馬爾馬他海，及其南接達達尼爾海峽，所以從黑海欲進入地中海必經此兩海峽，尤其博斯

土希為海倫美女大戰的遺址

格雷梅露天博物館

普魯斯海峽長約三十公里，最窄處僅七百公尺，更可說是兵家必爭之地。再者伊城曾是兩種不同宗教帝國的都城，所以有很雄偉的基督教聖索非亞大教堂，更有伊斯蘭教的蘇丹艾哈邁清真寺等古蹟，可說是宗教自由的代表城市。

特洛伊古城是探討土耳其文化的重要經典城市，位於達達尼爾海峽東南海邊，目前是離愛琴海已達七公里之遠的小城市，且古城堡只剩半堵頹牆，據說是許多考古人類學者，經多年鑽研才挖掘出來的。而此城之所以出名，乃根據希臘古文學名著荷馬史詩記載，約西元前十三世紀，希臘城邦斯巴達艷后海倫，愛上土耳其帕里斯王子，離開家鄉私奔到土耳其，因而發生兩岸城邦為爭奪美女海倫的十年戰爭，後來希臘用計製造一隻大木馬，內藏驍勇善戰之勇士，利用夜晚打開城門，才攻下特洛伊城，也就是西洋史上有名的「木馬屠城記」。這是古代有名的愛琴海愛情故事，現在當然成為重要觀光景點，並有一座高大的人造木馬，以供懷舊觀賞。

土耳其另一個世界文化遺產，就是格雷梅露天博物館，主要是早期的許多教堂等建築，都依自然地貌的基礎修建，或依山勢而建，或鑿洞完成，因年代已久遠，大多受風雨侵蝕而損毀，但仍有許多可茲見證文化歷史價值的古物，且就地露天維護未加移動，真是用心良苦，值得參訪。

棉堡熔岩與溫泉

小精靈谷

小精靈山谷，是土耳其自然美景重點之一，站在山谷頂端往下一望，布滿整個山谷的是一支支像香菇一般的特立岩石，或大或小或粗或細，有高有矮，真像小精靈般排列一起，也像是奇形怪狀的精靈香菇從地面長出，真是奇特的自然美景。

棉堡是土耳其最經典的自然美景，從遠處望之，怎會有如此大的雪白石頭，真像寒地的冰川截頭，驅車近觀才發現是溫泉經過長年鈣化凝結成石灰岩的大溶岩，真像一座雪白的大棉球城堡而得名棉堡，此石高有一百六十米，長約三千米，居整個石灰岩的最高點，溫泉仍泉湧流下，形成層層梯田狀的圖形溶池，非常壯觀美麗，遊客可打赤腳踩踏，倒是別有一番滋味在心頭。住進旅舍都有寬大的溫泉池，享受一次想像中的土耳其浴不亦樂哉！

雅典第一屆奧林匹克運動會

希臘

希臘應該是歐洲古文明的發源地，尤其首都雅典更是世界上最老的城市之一，有記載的歷史就有三千多年。西元前七、八世紀的政治是城邦政體，或可稱為以城市為單位的自治國，而當時最大的兩個城邦是雅典與斯巴達，前者是民主政治，後者是寡頭政權，兩者當然發生爭鬥，經過幾世紀的爭戰，雖然斯巴達曾征服過雅典。以後雖不斷有爭執，但在西元前四世紀，雅典出現了歐洲有名的哲學家、教育家以及思想家——蘇格拉底及其學生柏拉圖，再傳徒孫亞里斯多德，三位可說是共同奠定了西洋文化的哲學基礎，其間或

雅典娜神廟

有不同說法，但可說是希臘文明的使者，使兩個城邦的戰爭，由流血改成競技賽。雖然奧林匹亞競技於西元七世紀在希臘就已開始舉行，但經教育與思想的教化，終於正式變成運動競技大會，今天的世界奧林比克運動會每四年舉辦一次，即根源於此。

除上述重點文化外，遊希臘還有兩個很值得一提的，一是雅典山頂上的雅典娜神廟，乃西元五世紀所建，現在雖已毀損只剩神柱及頹牆，但登頂觀之，整個雅典城盡在眼下，且其建築材料全是晶瑩剔透的大理石，可追溯得知當時希臘的繁榮興盛。二是浪漫愛琴島上徜徉之行，乘船至知名的聖托里島，登島上最高藍頂教堂往下欣賞美麗詩意的藍色海洋，再漫步於白色海灘，目睹伊亞的世界最美的落日，太陽在海平線上慢慢消失，所謂落日彩霞真讓人沉醉不已。住上一宿，享受一次地中海型氣候，徐徐吹來的愛琴海海風，更有夫復何求之樂也。尤其好萊塢電影名片《情定愛琴海》在此拍攝後，愛琴海最近幾乎成為世界各地許多青年情侶旅遊及結婚蜜月所嚮往之地，如此更可證明愛琴海及海中各島是多麼的飄逸美麗瀟灑浪漫啊！特別安排在島上住上一宿，頗有感受。

義大利

旅遊義大利從歷史觀點，它是羅馬共和國，到凱撒大帝建立成獨裁的羅馬帝國，帝國疆域包括整個中西南歐洲、土耳其、西亞及從摩洛哥到埃及的北非洲全部，可說整個地中海是帝國的內海，所以文化古蹟非常豐富，上述土、希、埃三國即包括在內，已不再贅述，今就義大利部分來說明，被列為世界七大文化遺產的名勝古蹟就有兩個，一是羅馬競技場，另一個是佛羅倫斯的比薩斜塔，還有許許多多自然美景，真值得仔細欣賞，慢慢享受旅遊義大利是絕不虛此行的。

羅馬城是現今義大利的首都，當然更是古羅馬時期的政治、經濟、文化……等的指揮中心，能以城市之名成為帝國之稱，更可知羅馬從古至今的雄偉壯麗，中國有句名諺「條條大路通羅馬」，真可是讚美之詞。羅馬競技場，是羅馬時期建立的圓型競技鬥場，從史書記載可知當時統治者的殘暴凶狠，因貴族們觀賞的是場內俘虜互相比鬥至一方倒下為止，或勇奴與凶猛的獅，虎互鬥撲殺，其不人道的慘烈狀況就是目前到競技場，仍有歷歷重現眼前，心中感慨萬千的感觸。

羅馬競技場

特雷維許願池

特雷維許願池亦是羅馬地標之一，羅馬有噴泉無處不在之說，據說大大小小有上千個之多，但此噴泉是羅馬最大的巴洛克風格造型，所以到羅馬旅遊多會到此觀賞其建築之美，噴泉之奇，更會丟幾個硬幣浪漫地許個願，千里迢迢而來，希望不虛此行吧！

梵蒂岡城國，是到羅馬旅遊必會安排的地標，祂是世界面積最小的小邦國，卻是約占世界六分之一人口的天主教信仰中心，教會最高領袖教宗的駐在地。個人雖非教徒，但觀看梵蒂岡博物館內的內容豐富，對天主教許多聖哲的辛苦，甚至犧牲奉獻頗多欽佩與感動。再進入世界最大也最被尊崇的聖彼得大教堂（據說世界各地興建教堂不可比聖彼得教堂大），依規定必須穿著端莊，否則警衛會勸導不得進入，且保持輕聲細語不可喧嘩……其實看到建築的雄偉，裝璜的華麗，與許多聖哲的塑像，及現場眾多教徒的肅然行止，自然心有戚戚焉。出教堂後只見整個廣場幾乎站滿成千上萬人，不久教皇從寶殿打開窗戶向全體在場人士，招手講話並祈禱祝福，贏得熱烈掌聲，據介紹並非每天都如此，我們能恭逢其盛，也是難得啊！

龐貝古城，位於義大利南部那不勒斯維蘇威火山的山腳下，應該是古羅馬時代的重要城市，不幸在西元初世紀（據記載是公元七十九年八月廿四日）被維蘇威火山爆發時

龐貝古城博物館

正好遇見教宗在聖彼德大教堂寶殿出來向在場朝拜人士祈禱祝福

的火山灰覆蓋掩埋造成的悲劇城市，近代經考古學家發覺，努力挖掘，整個城市慢慢重新展現出來，古街道、商家，甚至有從房子牆上的壁畫考證出是妓院。……再上古城博物館，看到許多被火山溶岩所塑成的化石，有驚慌失措的母子擁抱的……人畜等一一呈現。天然災害真是恐怖，如何防患？在二千年前實無能為力，現在的科技已如此進步，又如何呢！

佛羅倫斯是旅遊義大利必去的城市，其一是歐洲文藝復興的發源地，文藝復興三傑之一的米開蘭基羅（另二位是達文西與拉斐爾）即出生於此，他至今仍被尊崇為偉大的雕塑家、建築師、畫家、詩人。尤其是他年輕時就完成的聖經中偉人青年大衛王的裸體雕像，更是藝術界嘆為觀止的精品傑作，豎立在米開蘭基羅廣場中，能親眼目睹真有不虛此行之樂哉！其二是在佛城感覺到不同於其他大城市的熱鬧喧嘩，祂有寧靜安祥的生態面，誇張一點就是中國古代陶淵明的桃花源，近代英國小說家詹姆斯在消失的地平線中的香格里拉一樣的人間樂土。真不愧是文藝復興時代的起源地。住上一宿更是感受非凡，上世紀中國大

比薩斜塔

威尼斯水都乘帥哥撐船遊街（河）乃人生另一享受吧！

米蘭供應世界名飾的四邊角超市

文豪徐志摩先生文集中的翡冷翠，所指的美麗樂園就是——佛羅倫斯。

比薩斜塔是義大利的地標，更是被聯合國認定的世界七大文化遺產之一，比薩市距佛羅倫斯僅五十公里，亦是平靜安祥的城市，據記載斜塔本是比薩市大教堂的獨立鐘樓，始建於十二世紀（西元一一七三年），中途建到第四層發現地基不均勻及土層鬆軟，鐘樓已經傾斜，工程因此暫停，後來經過許多措施修正傾斜，停停改改終於在一三七二年完成了五十四公尺高的八層鐘樓。我們從小讀書就知義大利有個比薩斜塔，如今呈現在眼前的是一大片如茵綠草，大教堂旁的白色斜塔，似乎將倒卻又已屹立一千多年了，能親眼目睹心中真是莫名的感動，趕快提起相機，擺出各種姿態拍照留念，安慰自己終生難忘的旅程。

在此特別補述十六世紀物理學家伽利略所驗證的自由落體理論，就是在斜塔拋丟東西研究出來的，他就出生及生長在比薩市。

米蘭是義大利第二大城，在義大利西北部，自古即為義大利的重要城市，目前最吸引世人旅遊重點，米蘭是世界時尚產品的展示城市：如超前衛季節服飾、名牌提包、價值連城的首飾……在巨大的四邊角超市，真是琳瑯滿目，應有盡有，只要口袋夠深，又享有免稅制度，絕對不失所望，就是不被引誘購買，欣賞此華麗的名牌購物中心，亦是另一種享受吧！

威尼斯是世界最富盛名的水都，也是旅遊義大利必遊的重要景點。主要是它的奇特，怎會在封閉的海灣及瀉湖的淺灘上，能建築如此優美的城市，而且是由一百多個小島組成的，乘豪華渡輪登臨，所見幾乎所有住家、店家都是從水中蓋起來的，如兩整排商家面臨的並非道路而是水道，且距離僅約十米寬左右，除少數有拱橋相連外，幾乎家家來往皆以小艇為之，水都之名真是名符其實。

威尼斯最大的島，通稱本島，是總督府所在地，也是著名的聖馬可廣場，周邊有許多被列為世界遺產的古建築物；如聖馬可教堂，非常高的鐘樓，登上頂樓可眺望整個威尼斯，感覺到城市環境的優美與寧靜。更享受的是花上幾個鐘頭，請個英俊瀟灑的船夫，搖槳穿梭於好幾條小巷（水道），或是兩岸居民笑容滿面的招手歡迎，或是滿座遊客的咖啡屋，真有人生難得神仙之旅啊！

再值得一提的是經過一座橋，只見一條長而不甚寬的水道，竟無任何划船，兩岸是巍巍肅立的大樓，中間連接著是一座巴洛克式拱橋，經探查得知，一邊是總督府法院，一邊是監獄，凡被判重刑的犯人，經過此橋送入牢房，將不能再見天日，故此橋被稱為「嘆息橋」，拍個照片留下紀念，亦或可做為善惡人生之警惕吧！

嘆息橋

瑞士

瑞士是歐洲最主要山脈阿爾卑斯山北麓的中立國，被稱為是歐洲的公園，自古以來從未與周遭強國發生過與戰爭有所關聯的爭執，就是世界一戰，二戰也不會影響到瑞士，所以瑞士是個祥和安定之邦，更重要的風景之美，是世界旅遊界心嚮往之地標。鐵力士山、少女峰終年積雪，乃歐洲滑雪勝地。登少女峰，必先乘世界聞名的登山鐵道火車（此與台灣阿里山火車齊名），再搭纜車才蒞臨峰頂，沿途向上遠望群山，皚皚相連，向下更是綠野中有山莊，湖泊，秀麗美景，真有人生難得幾回見之樂土也！莫怪許多文人騷客形容某地方風景之美，常有「瑞士之風」的讚美說詞。

乘纜車登臨滑雪勝地少女峰

日內瓦湖

瑞士之美除了秀美壯麗的名山外，湖泊之多與美更是獨特，日內瓦湖是最為世人了解的美湖，除了它是阿爾卑斯山群湖中最大的湖泊，主要是湖畔有瑞士首府伯思市，更重要的是第二大城市日內瓦市，是聯合國許多重要機構總部的設在地，可說從上世紀至今許多與世人相關的和平、健康……等等會議都常決議於此，其重要與知名當可見證。再特別介紹風景絕佳的盧森湖，是夾在阿爾卑斯山群中的湖泊，到此一遊不僅見到的是山湖之美，更難得是保留著古老的建築及寧靜安逸，尤其所遇見盧森市的居民，不論是商家、船夫、路人，皆笑容滿面，文質彬彬，備感親切自然，住上一宿真有親臨「桃花源」之樂哉！所以瑞士有「歐洲公園」的美譽，所言甚是。

法國

法國是旅遊歐洲必定會安排的重點國家，尤其首都巴黎更是重點中的中心都會；從經濟上觀之，它是浪漫的「花都」，世界男女時尚服飾展，巴黎一定是先驅者，法國香水人人喜愛，各地酒莊出產的各類美酒更是聞名，且暢銷全世界。美食中米其淋料理，不論牛排，麵包的燒烤，甜點，咖啡的講究，皆有獨特的法式味道，是餐飲界人人樂道與喜愛學習的。

在歷史文化上，法國幾世紀以來，雖是世界強國之一，但也經過許多曲折與蛻變；凡爾賽宮之雄偉壯麗，花園豪華，尤其內部的裝璜擺泵，各代皇帝皇后的寢殿及畫像，

華人貝聿銘大師的羅浮宮玻璃金字塔出入口

知名畫作〈蒙娜麗莎的微笑〉

就可推論得知。再走一趟最有名的羅浮宮，從宮內珍藏的三、四十萬件寶物，更了解到法國和世界的接軌：如文藝復興三傑之一達芬奇的「蒙娜麗沙的微笑」，真是藝術界的瑰寶，能親眼見到，更難得是有禁止拍攝的警示，個人徵求護衛者同意，不用閃光燈拍照，真是如獲至寶。世界最美麗的維娜斯塑像，聖女貞德號召法國抵抗英國的戰爭畫像……總之羅浮宮內珍藏的展品，包括古代埃及，東方國家等許多藝術作品或古物，真是琳瑯滿目，有不虛此行之感。再者宮前的華人建築師貝聿銘先生設計的玻璃金字塔，不僅讓每年上千萬人進出的困難得以解決，更已成為巴黎的地標之一，真是華人之光！

艾菲爾鐵塔

協和廣場之方尖碑

凱旋門

巴黎鐵塔是世界著名的建築，十九世紀末為紀念法國大革命一百週年，由艾菲爾先生設計建成的，當然更是巴黎的地標，它建在巴黎著名的塞納河畔，到巴黎旅遊多會乘遊艇欣賞優美的塞納河美景，鐵塔就是直立在右岸的戰神廣場上，從遊船上欣賞鐵塔，更顯得高聳偉大，拍照留念，其樂與紀念價值，懷念無窮。上岸後再走一趟左岸藝術街，體會聞名於世巴黎左岸咖啡的咖啡香，或亦是另一種遊樂滋味吧！

凱旋門亦是巴黎的重要地標，位於戴高樂廣場的中央，是十二條放射性大道的中心點，可說是巴黎最大的圓環核心，據記載是拿破崙打敗俄奧聯軍，

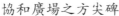

勝利後下令修建的，當然也是巴黎旅行的重要標的，至少拍個照到此一遊，以資紀念。接著走到西側的香榭大道，其實全稱是香榭麗金大道，「香榭麗金」是希臘神話中的聖人，故特取名以紀念，也是巴黎最美麗的街道之一，除了路寬有七十米外，全長約只二公里，兩旁盡是銷售世界名牌的百貨公司，各種服飾、名牌包、香水、化妝品……有心者大可滿足購買慾望。個人與內人都不喜歡逛商品街，就在路旁露天咖啡座，坐下來品嚐著咖啡，欣賞一下來來往往世界各地旅客的形形色色……約兩個鐘頭時光，店家親切招呼，隨時可免費續杯，亦是旅行法國巴黎的另一種享樂吧！

香榭大道的另一端就是巴黎地標之一的協和廣場，主要是為歌頌紀念法國路易十五的光榮而蓋的八角形廣場，中央豎立者埃及法老贈送的方尖碑，不僅亦是放射性的交通，核心點更富有其特殊的歷史意義，法國大革命時期，國王路易十六被送上斷頭台執行，地點就是協和廣場。

中歐之旅——捷克

捷克位於歐洲大陸的中央，四面環山是個典型的盆地內陸國，歷史上雖曾是幾個帝國的屬地，但受到戰爭的破壞卻很少，所以不僅是個天然環境極其優美的地方，更保留下了許多美麗古堡、小鎮……現在不僅是歐洲人旅遊重點區，也是世界旅行家喜歡的行程。

首都布拉格只是初次邂逅，就有如沐春風的美感，著名的電影《阿瑪迪斯》就是在此拍攝的；古色古香的古堡皇宮、查理古橋、貫穿全市的伏爾塔瓦河，兩岸宛如童話故事般的巴洛式建築，更顯露出其秀麗典雅的景緻，有些

從布拉格查理古橋回看古「皇宮」前之大橋

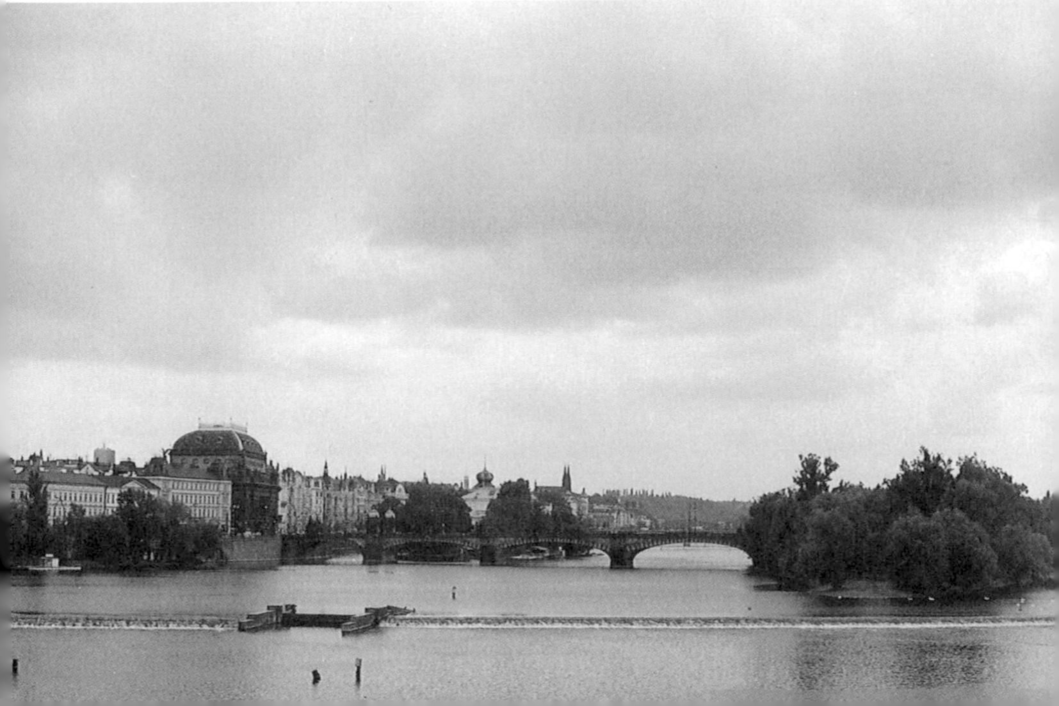

皇宮現已改為劇院，非常高雅與極致。走過古橋不僅看見其美麗，更有氣勢雄偉莊嚴古雅之感，過橋後特別走下隄防拍攝此橋之特別寫照，真是有如獲至寶的一幅美畫。

克魯洛夫古城，更是必遊之美麗小鎮，現已列為聯合國文教會保護的古城，伏爾塔瓦河貫穿全鎮，街道皆由小石頭或石板塊舖成，登上小山上古堡，只見滿城多為紅色屋頂，景色之美，真令人陶醉，據考證已經歷七八世紀來都未曾改變，故有歐洲最美的中古小城之稱。傍晚漫步石板小路，休憩街旁小店，同行伙伴們來杯皮耳森啤酒或咖啡，真是人間樂土也。

布拉格查理古橋

依依不捨地離開美麗的克魯洛夫古鎮，來到皮耳森啤酒廠，才發現原來世界啤酒的發源地是捷克的皮耳森，並非目前常以為德國才是啤酒王國，皮耳森的黃金啤酒是一八四二年就已經發光出名了，再親臨造訪其製造流程，受招待飲一杯啤酒，就是非嗜品者心中亦有數啊！接著拜訪風傳是歐洲風景最優美的溫泉渡假村——卡羅維瓦里，奧匈帝國時期查理皇帝就常來此沐浴，從此被美名為查理之泉，也造成了許多溫泉健身沐浴飯店，進住一宿，泡泡屬鹼性的溫泉，旅途勞累一掃而空，亦是一樂也！

奧地利

奧地利是中歐湖光山色風光旖旎的國家，歷史上是奧匈帝國，也就是哈布斯堡王朝的所在地，最具代表的建築熊布郎宮，仍是現今最壯麗的皇家宮殿之一，美倫美奐，上世紀著名的維也納會議就是在此舉行的。首都維也納的城市建築，除了保有王朝時代的美麗風格，就連羅馬帝國時代古物建築都留存完好。如維也納著名的廣場鐘樓，古色古香，一小時鐘響一次，幾乎所有遊客皆有等待洪亮鐘聲，衷心感受之誠意！亦是旅程中的另一種思維吧！

維也納另一種重要探索，就是祂是世界音樂之都，十九世紀著名的作曲家小約翰史特勞斯，與其二位弟弟，及其父親老史特勞斯，可說是創造了整個歐洲音樂界的輝煌時代，尤其是他們的圓舞曲更是瘋迷了十九世紀整個歐洲，就是現在世界各地醉心音樂的專家學者及音樂學生，皆以能到維也納音樂學院進修鑽研，才有再進步的空間之學習歷程！當然到了世界音樂之都維也納，除了享受許多頗具水準的街頭音樂演奏表演外，在餐廳用餐，咖啡廳小憩都能感受音樂之美，晚上特別安排聆聽音樂藝術節目活動，算是不容錯過的另一個留念。

奧匈帝國之皇宮

奧地利聖沅夫岡湖區美景留影

匈牙利

從捷克克魯洛夫到奧地利，除維也納大城，其實這三個國家幾乎是息息相關，景色之秀，建築之美，都有古典雅緻的特色，尤其中途經過許多小鎮。如特爾屈古城，仍保留有文藝復興時期風格的屋宇，或聳立山頂上，或在森林湖泊環繞中，真是美不勝收令人難忘。

首都布達佩斯長久以來就有多瑙河之珠的美譽，因橫跨多瑙河兩岸故有雙子城之稱，右岸的古城布達，與左岸現代化的佩斯合併而成的大都市，因此連結兩岸的大小橋樑有許多不同的造型，當然內含著令人想像的故事。相傳匈牙利人的祖先是中國北方的匈奴人，被成吉思汗西征一路征討，到了匈牙利，因蒙古兵團的東返，匈奴人得以免遭迫害而定居下來，建立了今天匈牙利，我們並非歷史研究者，不便討論，但從大部分匈牙利人的膚色，以及欣賞特別安排的傳統馬術表演，卻感受到草原民族才有的豪邁不羈與精湛騎術，這些都是個人曾旅遊中國內蒙古與蒙古國才有的各種坐、躺、臥、立等彪悍騎術表演，更有穿黑色長禮裝扮優雅的美女，雙腳側坐騎馬飛奔而過的優美技術，真令人讚歎，如非草原上族群，豈有如此技能！

布達佩斯之「英雄廣場」是匈牙利建國的歷史紀念

接著來到聞名的「匈牙利的海」巴拉頓湖渡假區，只見湖濱小鎮——蒂雅尼，一邊依靠著茂密的連綿青山，一面傍著幽美的巴頓湖，加上居民都親切可掬滿面笑容的待人，徜徉其中，如入仙境，不自覺的用盡了相機底片。

美女馬術表演

倫敦大橋前合影

英國大笨鐘

英國

西元十六世紀末英國海軍打敗西班牙無敵艦隊後，接續西班牙、葡萄牙或荷蘭的世界海上霸權，稱雄世界海權，以後三百年征服（或侵略、占領、統治）自居為日不落王國。當然是嚮往探密的國家，就邀約了卅幾位好友來個英國深度之旅。

倫敦是英國首都，位於英國主要河流泰晤士河下遊兩岸，當然是整個英國政治、經濟、交通……中心。首先到大英博物館，館內珍藏著「收括」自世界各地的寶物：埃及的木乃伊、中國的圓明園……包羅萬象令人大開眼界。白金漢宮首相官邸，象徵世界自由民主的英國國會大廈，舉辦多次著名宗教儀式的西敏寺，英國重要地標的大笨鐘及倫敦大橋，都是流連不返的重要景點。

劍橋大學是心嚮往之目的地，尤其是乘著小木船，當船夫搖過康橋時，看見兩岸茂木翠綠，河水清流見底，遙想大文豪徐志摩先生的「再別康橋」，不覺心中似有所感啊！牛津大學也是很值得參訪的景點，因牛津成立於十二世紀，是世界歷史最古老的第一所大學，目前學院數目有四十四個之多，且每個學院的建築都非常雄偉特殊，甚至美輪美奐，走一趟牛津所感受到的是到處瀰漫濃濃的學術氣息，不僅硬體建築之不凡，到處所見的各研究單位的讀書風氣，能來此進修的學子，自然而然會努力上進，難怪每年世界優秀大學的排名，

在英國劍橋大學乘划船回憶徐志摩大師的「再別康橋」

蘇格蘭的愛丁堡古皇宮

牛津總是名列前茅，能到此一遊心有榮焉。

約克市是英格蘭重要城市，遊客之多僅次於倫敦，主要它是在西元一世紀就由羅馬人興建完成的古城；從古老石頭的街道，真有置身時光隧道之感。著名的哥德式約克大教堂，能欣賞到世界最大的彩繪玻璃，其莊嚴恢宏的氣氛，就是非天主教徒都會有肅然起敬之意。更可知為何世界第一大城市美國的紐約市，原來後世英國人大量移民美國，建立新的都會並紀念約克市而取之「新約克」市。

愛丁堡是蘇格蘭的古皇宮，欲登上古城堡必須先走所謂的皇家一哩路，沿著逐漸上升的坡道上，正是英國歷代朝臣所精心建築的官邸，當然古堡內更是極華麗的聖十字王宮，現在仍為女王的蘇格蘭官邸。城堡的外觀雄偉壯麗，當然已被聯合國文教組織列為世界文化遺產，不論遠望或近觀景致之美，皆令人終生難忘，再參觀內部各居室之擺設，古物、壁畫……真是多不勝數，不虛此行吧！

史特拉福市是世界大文豪莎士比亞的故居，特別驅車前往參觀，因他被稱為古今以來最偉大的戲劇創作天才，其作品至今仍時常被歌劇，影視依為藍本。見到了他及夫人安妮所居住的地方，竟是如此樸實儉約，更令

史前巨石群

人有尊敬及不捨之感。

史前巨石群，是英國重要的地標，且已列為世界遺產，據說是四千年前就已出現，在平坦的草原上如此眾多巨石是怎樣排列的，更難得的是其組合之準確，科學家們研究或與天文日月照射有關，每年吸引上百萬以上的遊客到此觀賞，雖然保存非常完整，但為何存在，至今其原因仍似乎未有定論，就當做是精采的傳說吧！

俄羅斯追幸福極光之旅

俄羅斯是歐亞大陸最北方的神祕古國，西從波羅的海及東歐各國為界起，東至亞洲，最東方的白令海峽與美國阿拉斯加相隔，南與中國與中亞及中東等國為鄰，北抵浩瀚無邊的北極海，是世界上土地面積最大的國家，因此是個值得文化上探討，地理上深度了解，及氣候適應冒險的國度。除前述旅遊西伯利亞重點，貝加爾湖與周圍城市外，特別來一趟俄國兩大歷史重要城市，也是文化古城——莫斯科和聖彼得堡之旅，更選擇俄國位於北極圈內最大城市莫曼斯克，且定在冬至前後一個半月，當地時間為永夜期，希望有幸能觀賞到「幸福的極光」。

莫斯科是俄國首都，也是最大城市，歷史上只被蒙古成吉斯汗所占領過，且建立了數百年的欽察汗國。十九世紀拿破崙所率強大法軍都無去攻克，二次世界大戰（俄國歷史只稱保衛戰）希特勒之雄猛部隊，皆無法占領該城，可知俄羅斯人對莫斯科的重現，無論在物質上或精神上，皆是最重大的寄託與信仰中心。

克里姆林宮是俄羅斯總統府，從十三世紀以來就與俄國的重大政治史息息相關，幾乎是誰能占領莫斯科，就可說是滅亡了俄國，其歷史背景代表著斯拉夫民族的盛衰。

因此其建築也是全世界最美麗的宮殿之一，而且是西元十二世紀中期就已動工興建；到此一遊必看的景點仍保留許多，如：十六世紀初年的「伊凡大帝鐘樓」，高約八十一公尺，昔日皇家貴族舉辦婚禮的「聖母頌大教堂」，全球最大的「鐘王」，目前雖已破損，但可窺其厚且大，一八一二年拿破崙雖攻占莫斯科，但不久就兵敗退回，所遺留下來的「砲王」，是世界上口徑最大，卻未曾正式發射過，現正只是遊客拍照留影的景點。克里姆林宮周長有二千多公尺，且有二十多座樓塔，圍牆多漆成紅色，城外範圍寬廣通稱為「紅場」，當然亦是必遊之地。面積很大，長有六百九十五公尺，寬為一百卅公尺，經過好幾個世紀慢慢興建與翻修，直到十七世紀中葉才有「紅場」的美稱。

拿破崙攻占莫斯科兵敗後留下的「砲王」

聖瓦西里大教堂，應是整個紅場最醒目的建築物，為十六世紀中葉，「恐怖沙皇」伊凡四世為了慶祝戰爭勝利所建的，共有九座高矮不同、形狀各異，且花紋色彩紛雜不一，卻很像洋蔥形狀的圓頂，被俄人譽為「用石頭描繪的童話」，因其結構與顏色富有藝術創意，成為令人嘆為觀止的「城堡」，通常外來遊客多以「洋蔥教室」簡稱之，現已成為莫斯科的「地標」。

乘莫斯科河船，上述美麗建物從船中觀賞，各有不同的角度，或近或遠，幾乎是遊客們鏡頭搶拍的另一景象，尤其此時河中多處已結成薄冰，郵船經過嘎嘎作響，浮冰飄流船邊，倒是另一未曾遇見過的深刻感覺，不亦樂乎！特別介紹莫斯科地鐵已有近百年歷史，且每一站都有其特色，大伙兒

莫斯科地標，聖瓦西里大教堂正面

莫斯科地鐵車站

當然專程參觀體驗，果然如此，佩服萬分。

到莫斯科最高點麻雀山，聞名的莫斯科大學就在此，建築非常雄偉，因學術殿堂不便進入觀賞，倒是從山頂上可俯視整個莫斯科城，尤其正逢夜晚，遠處燈火反照雲彩，反而很像極光景色，五彩繽紛，就視為美談吧！

聖彼得堡是俄羅斯第二大城，人口有五百廿萬。位於俄羅斯西北方波羅的海的芬蘭灣沿岸，十八世紀初年，彼得大帝在涅瓦河出海口沼澤地興建的城市，也是重要海港，並且在一七一二年，將首都從莫斯科遷於此，可說是俄國沙皇時期的政治經濟中心，直到一九一八年十月革命後首都才又遷回莫斯科，但聖彼得堡經二百多年的建設與經營，已成為世界聞名的古都及文化重鎮，更是旅遊者視為標的中心景點都市。

聖彼得堡隱士廬博物館（東宮）之珍藏畫

隱士廬博物館曾是沙皇冬天居住所，故通稱為彼得冬宮，與法國羅浮宮、英國大英博物館及北京故宮齊名為世界四大博物館，除了能顯示過去皇宮生活的奢華外，目前仍保藏著超過三百萬件的藝術品，如達文西、拉斐爾等世界瑰寶作品，皆仍完美地保存著。其他有埃及木乃伊、孔雀大鐘……如非長時間細玩，只能窺其一二而已。再者從建築物本體觀之，冬宮內的每一間樓閣都是氣派非凡，雍容華貴，充分體現出當時沙皇的生活情況，當然也展現了俄羅斯人在建築藝術之美與技巧的精細，亦不可小覷。

巴甫洛夫斯克宮，是蘇格蘭名建築師卡梅隆，為沙皇保羅一世所建造的，而最為世人稱道的是，其周圍的園林是俄國最大的公園，被讚美為「世界最好最美的花園之一」，主要是它能巧妙地利用地形地物，自然與建物相得益彰，渾然天成，其中深長林蔭大道、名人雕像、庭台樓閣，小河池水，拱橋造型等在公園內處處都顯出了完美藝術的精華。我們是寒冬一月分前來的，到處被深厚白雪所覆蓋著，宮前廣場，園林一大片樹林，像是穿上了大雪衣，筆直的園道也積滿了深厚及膝的白雪，大伙兒來自亞熱帶的台灣，如此美麗公園及難得一見的景色，很自然的打起雪仗，堆起雪人，不亦樂乎。

聖以薩教堂又被稱為金宮，主要是祂雖座落在聖彼得堡中心的聖以薩廣場，但教堂的建築主體，是用黃金箔片鋪成的圓型金頂，據介紹從芬蘭灣就能觀賞到，而且是從一八一八年起，由亞歷山大一世下令興建，到一八五八年經四十年才完成，主要是紀念與建聖彼得堡的彼得大帝，因此內部各種聖像裝飾，為表示對聖以薩的驕傲，共用了約四百公斤黃金，及一萬六千公斤的孔雀石，與一千噸的藍礦石所裝飾，被稱為「金宮」倒也是名副其實。而廣場前知名的身著軍服的「尼古拉一世」騎士銅馬像，只有兩隻後腳支撐，展現出力與美的藝術與雄姿。

血腥教堂，也稱為滴血教堂，其正式名稱應為「基督復活大教堂」，主要是亞歷山大二世，在世時被無政府主義者以手榴彈暗殺，皇帝出血嚴重，被送回冬宮不久便去世了，其子亞歷山大三世為紀念亡父，就在出事地點修建此教堂，並且把中彈流血的地方保留至今，故名為滴血教堂，而教堂之建材，皆以金箔、彩釉磁磚、彩色大理石，精細貼粘，造型真是豔麗多彩，現已成聖彼得堡的「地標」。

海軍博物館——

阿羅拉巡洋艦，俄羅斯把此艦定名為海軍博物館，個人頗為驚奇與震

聖彼得堡滴血教堂（地標）

尼古拉一世騎士像

撼，一艘停放在涅瓦河上的巡洋艦，艦長一百廿四米，寬十六點八米，一九〇三年開始服役，曾迢迢地到中國黃海參加日俄海戰，且是唯一幸存逃回歐洲。其中曾在菲律賓整修（美國幫忙吧），後來雖也曾參加世界第一次大戰，但能成為海軍博物館，倒是能說明其海軍建軍史，且無論勝敗榮辱，頗讓吾人巡味與借鏡。

在黃海日俄海戰唯一逃回來的巡洋艦，在菲律賓修復後的樣貌

莫曼斯克位於北緯六十八度五十八分，東經三十三度零三分，是世界最北的都市，也因位於大西洋盛行西風帶的北方，成為俄羅斯北極圈內的唯一不凍港，基於軍事上與經濟上的需要，於一九一六年正式建城，與大西洋各國來往，個人所見解，在世界一、二次大戰期，戰略物資應是從此港大量輸入予以增援，是否如此，敬請指教。在莫市交通要道圓環中心點，特立高聳石柱，周圍並標明經緯度，已成為莫曼斯克的地標碑。

莫曼斯克地標

我們大伙兒特別挑選來莫曼斯克的時間，是西曆一月中旬，因地球環繞太陽一周，及其傾斜度二十三點五度之關係，每年從十二月二日到一月二十日，此地為永夜時間，不見日出，終日只有在正中午幾個鐘頭時間，像是傍晚時刻，正是觀賞北極光的最佳時刻與地點，所以特別安排來莫曼斯克旅遊，希望能如願以償看到美麗的北極光。

另外嚐試北極圈內薩米人，在極寒氣候中的生活體驗，我們住進最近完成的森林中的小木屋，只見全部的樹林、房舍、道路全被大雪所覆蓋著，雖然戶內溫度保持約攝氏

搭乘馴鹿雪橇

20度，但戶外是在零下10度至30度之間，穿上所攜帶的發熱毛衣褲、頭帶保暖帽、面罩、口罩，腳穿長統雪靴（雪深約10～40公分），很像不倒翁及聖誕老人，真是別有一番滋味在心頭。

最好玩的是薩米人事先幫我們穿上薩米人大毛套，載我們到冰原雪地體驗一下，雪橇奔跑時候的體感溫度約零下37度，真是平生僅見，亦是另一種奇特感覺。到馴鹿村餵食馴鹿，乘坐馴鹿拉的雪橇，及六隻哈士奇犬狂吠狂奔拉的雪橇，個人躺在雪橇上，在雪地上飛快奔跑，有生以來第一次的感受，真是享受與快樂，把一切寒冷完全拋之腦後了。

乘坐狂奔的哈士奇拉的雪橇

更難得的是在冰河上，薩米人教我們用冰鑽鑽洞釣魚，我們每人鑽一洞，坐在小椅上垂釣，半個鐘頭雖沒有釣魚成功，但那種在冰河上自己鑽洞垂釣的感覺真是終生難忘。此時冰河旁樹林裡積雪已有四五十公分厚，大伙或堆雪人，或打雪球仗，玩得不亦樂乎！特別一提的是冰河冰洞釣魚旁，薩米人搭有三個帳蓬，問其作用才知，一是他們釣魚都是一整天，可在蓬內鑽洞釣魚以避冷風，二是遇內急就在蓬內鏟個小坑，用後以雪覆蓋之，尤其女性朋友更當可用，世間各種習俗之了解，又添知其一了。

總之這次俄羅斯極地極光之旅，大伙兒玩伴二十二人，都是第一次來此極冷之地尋寶，尤其是莫斯科首都，聖彼得堡沙皇故宮及莫曼斯克最北小城，享受平生僅見哈奇士犬及馴鹿狂奔拉的雪橇，雖然有些辛苦，但每人都有非常快樂的成就感。再就是大伙兒大部分是初次見面，但幾乎是人人自動自發互相幫忙，親切合作，真是美好快樂的旅程，特別感恩說明。

在個人鑽的冰洞釣魚

在冰河鑽洞垂釣

德國——古典與現代交錯的國家

從廿世紀近代史上德國是兩次世界大仗的戰敗國，歷史背景為何如此「壯大」，且現在更是舉足輕重歐盟主導國呢！心想往之特別來一趟環德的深度旅遊。

從歷史角度了解，德國前身普魯士與「奧匈帝國」等在中古世紀應是有近百個王國、公國、候國等各自為政的城邦小國，經遇多次軍事化、民主化的演變才得以統一（此為個人淺見亦非旅遊重點不敢謬言）。

法蘭克福市目前可視為德國空中交通樞紐轉運站，從歐盟區元總部設於此當可證明，故有德國「曼哈頓」之稱。近郊的「海德堡」古城，乃十三世紀時期的古城，沿內卡河，萊茵河支流兩岸屋舍仍保留原有風貌，登上時為七大選帝候選出的王室所興建山上城堡，往下一望河上圓型紅色拱底古橋，連接兩岸一大片紅瓦古鎮，真是美不勝收，再造訪一三八六年就已成立的海德堡大學，其古色古香的建築，據稱現今仍是歐洲排名前三名的知名大學。途經斯圖加特特別觀賞聞名全球的賓士汽車公司，尤其展示廳所介紹從最原始古老車到最現代化，及從最小的很像中國人力車到最超大的客、貨運車，真是琳瑯滿目，應有盡有，只是聽其價格就讓人瞠目結舌，高不敢攀耶！

黑森林是德國旅遊的重點區，在蘊育茂密的森林中似乎暗藏著寧靜的度假中心——蒂蒂湖，真有人間仙境之感，而聞名於世的咕咕鐘（幾乎純手工製造）就是當地農人的業餘傑作，所謂百聞不如一見，或可在此證明了。而黑森林中的林道小鎮更是一絕，本來是德國與瑞士邊界萊茵河中最大的波登湖中小島，中古時期即為公侯的渡假勝地，現已有鐵公路銜接，且碼頭港灣具備，只見湖中進出萊茵河郵輪頗為頻繁，可知自古以來就已是旅遊景點了，更難能可貴的是從十三世紀許多古蹟至今仍保護完整，如從舊燈塔、鳥瞰新燈塔與老石獅雕像，就屹立在進出內港口長堤的兩端，使湖岸景觀更加別緻，沿湖閒逛，實令人心曠神怡！因此林道小島有黑森林之珠的美稱，而波登湖面積寬廣，應是有調節

法蘭克福歐盟總部

萊茵河中最大的波登湖中的林道小島及其內港

純手工咕咕鐘製造廠

萊茵河流量的功能，使萊茵河至今少有泛濫之記錄，且為航運便利開鑿運河能與多瑙河連通，大大縮短了從大西洋北海和黑海之間的航程，其交通與經濟價值當可想而知，尤其是郵輪旅遊界另闢一偉大捷徑。

新天鵝堡可說是德國旅遊地標，乃巴伐利亞國王路維二世所建，據記載是不甚滿意其父王路維一世所建舊天鵝堡，而在對面更高聳的山頂新建的，果然豪邁莊嚴而名聞後世，且又興建造了四個古堡，沿途至今成為德國著名的羅曼蒂克大道，從烏茲堡至福止堡三五〇公里的觀光路中就有二十幾個古堡城鎮，或坐落在群山環抱中，或矗立在岩石高原上，且多處面臨清澈湖畔，四周又是連綿不斷的黑森林，其真如古書中「詩中有畫，畫中有詩」之美感，尤其登上後山九十公尺高之普宇拉峽谷上的馬麗安鐵橋觀賞新天鵝堡全景更是終生無憾，為拍照留念只見人人擠得水泄不通。而「林德霍堡」更位森林茂密深處，亦為悲劇國王路維二世所建，可稱為另一最具代表的建築宮殿，兩宮在兩座山腰間庭園相對，宮內盡是華麗暉璝，庭園之美化，更是美麗非凡，除水池中之噴水金人雕像，定時能噴出高聳水柱外，周遭奇木花卉更能令人留連忘返，來往旅人真絡繹不絕。

德國地標新天鵝堡

林德霍古堡

蓋世太保的鷹巢圖騰

鷹巢山洞

國王湖更是德國阿爾卑山湖區的一顆明珠，搭乘遊船環繞一周只見四周陡峭巖壁，環著翡翠的湖泊，真人間仙境也！

接著乘車登臨所謂希特勒統治時期蓋世太保統領為其與情婦所住的別墅鷹巢，位於一八三四公尺的山頂上亦是重要幹部密室會館之所，相傳挖掘百公尺山洞及建築廳舍，從1937年到1958年只花13個月就趕工完成，且須乘近百公尺高升降機直上山頂才能抵達，鷹巢位於巴伐利亞東南方的貝希特加登，右側坐擁阿爾卑斯山的壯麗景色，山頂終年白雪覆蓋，加上時有白雲飄散，左側山腳下是一片青綠園野小小溪流，走在山陵線上，清風徐徐吹來真是舒暢，且國王湖仍隱約可見，真是難得的絕妙之地。故傳言鷹巢是希特勒發動戰爭的指揮所，目前只剩舊壁爐依然保存，整個房舍已改為遊客餐飲中心了。

慕尼黑是希特勒利用1920年啤酒大暴動興起至1932年開始掌權的起源地，德國另一世界名牌BMW汽車總部即設於此，並資助政府舉辦2006年世界杯足球賽的主場球場的興建，外型酷似一個大輪胎，汽車城與慕尼黑相互輝映密不可分，由此可知，加上1976年世界奧運會也在此舉行，德國人喜愛運動，說慕尼黑是德國主要運動城市當不為過。新市政廳為此城的地標大樓，附近有許多街頭藝人表演，每天中午塔樓上鐘聲響起，各樓層更有活動人偶表演，神似我們台灣的布袋戲，廳前廣場擠滿人群觀賞，深覺有趣好玩！

2006年慕尼黑世界盃足球賽主場

紐倫堡市——美吧！

紐倫堡是巴伐利亞第二大城，目前也是被列為世界宜居的城市之一，世界一次大戰後到德國就會想來了解的都市，其特色是每年九月分都成為納粹大會的地方，說是「納粹黨的發源地或首都」亦不為過，二戰大戰前德國納粹大會在此宣布剝奪猶太人公民權，因此戰後德國戰敗，也因此在此舉行聞名的紐倫堡大審，公審納粹戰犯，或可鑑知。

羅登堡老城墎周圍有五公里長，牆厚達六公尺寬，小城內全部紅瓦屋頂，真有老城新貌之美。而凱薩堡雖亦是古老皇宮，卻有德國浪漫歷史精髓之稱，宮前廣場的玩偶鐘樓，更是老少咸宜喜好之處，尤其鐵圍籬上的銅環與突出的「銅水管」都已被遊客撫摸把玩的得亮晶晶了。

烏茲堡是個著名的大學城，學校雖都非世界名校，但自古即為文化之都，至今仍保留完整聖人古橋，更是讓人嚮望留戀，尤其橋上的許多名人雕像及過河後山上的古堡真是重點拍照的目標。

邦堡古城現已列聯合國文教組織保護古城，主要是城內交通頻多是像義大利的威尼斯以水道相通連，且住家房舍比鄰多是傳統紅瓦建築，真有其特色及美觀，故有德國的「小威尼斯」的號稱。而此水量充足的水系就是萊茵河支流美茵河，上述萊茵河與多瑙河相連接的運河就是在此地，由德國與奧地利溝通共同開鑿完成的。

凱薩堡的老城墎厚度達六公尺

威瑪古城更是德國的文化聖地，有「德國雅典」之美稱，曾是短暫的「威瑪共和國」的首都，最有名的是世界法律界著名學者，研究或制定各國憲法多以「威瑪憲法」

為重要藍本，尤其所稱的大陸系統的法典，或多或少都受其影響，當然時代的變遷與進步，各有不同的領域與觀念，但基本上還是非常受尊重的「基本大法」。個人所學非法律系統，或列為謬談亦有可能，敬請指考。然從威瑪劇院廣場，樹立的德國文學巨擘歌德與席勒二人的銅雕像當可證明威瑪城堡是重要且偉大的城市。且從市內沿河房舍多有彩色藝術畫作，美不勝收更可證明其文化氣息之高啊！

德勒斯登堡有「易北河上的佛羅倫斯」的美稱，不僅整個堡內的重要宮殿，教堂等仍保存完美（曾是薩克森王國首府），連曾遭戰爭破壞僅存的一堵短石牆都蓄意留存矗立在大街上，文化文物保護的用心，真值得讓人玩味。

更驚奇的是薩克森邦的易北河谷，有華人常美稱「德國張家界」的石林自然風景名勝美景，德國美稱為「小瑞士公園」，只見整座山岩經過百萬年以上的風化侵蝕，造成滿山或高或低或雄偉或纖細等的石林景觀，真是終生難得一見的天然美畫，且在巖石間在不破壞景色中或有小徑或有石橋相連接，走上半天雖有點辛苦，但絕對值回「票價」。

柏林是普魯士王國興起後立為首都幾近三百年，也曾經名列世界三大都市之一，且可說執掌世界政治、經濟、科學、文化，包括音樂、媒體等牛耳。可惜世界二次大戰後

於柏林圍牆前留影

歐洲的張家界

（一九四五年）發生冷戰策略，德國分裂為二，竟把位在東德的柏林分裂為東西柏林，且築有諷刺的圍牆將東西柏林硬生生的分格，直到一九八九年所謂「圍牆倒塌」，柏林合併，東德共產黨瓦解，德國終於也合而為一。此段歷史專家已著書立說不少，非旅遊探討之列，僅此稍為簡略說之，或有謬誤敬請見諒！不過圍牆仍保留一段，或是紀念是警惕，反成為旅遊柏林必訪之地，而為了美化，成了許多藝術家分格繪畫的地盤，且聽說時常塗抹換圖，只是有一個圖面從始至今無人敢改，原來是造成冷戰世局後，最後讓東西柏林合併的美國總統雷根與俄羅斯領導者戈巴契夫二人「擁吻」畫面，倒是歌頌還是諷刺，就拍個照做為永思懷念吧！而橫跨在東西柏林之間的哈弗爾河上的鐵橋，橋正中有一片信標，正是東西柏林的分界線，倒覺有趣，著名好萊塢導演就曾以此為背景拍攝間諜橋名片，男主角是湯姆克魯斯，可證明歷史對此橋的重視。

波茲坦是柏林近郊的古城，普魯士斐特烈大帝在此建築美輪美奐的夏特宮與桑梭西宮（有稱忘憂宮），又有德國「凡爾賽宮」之尊稱，可說是皇帝豪華的辦公處所。二次大戰歐洲戰場結束，協約國召開針對東亞日本的世界和平會議，所稱的「波茲坦宣言」，要求日本「無條件投降」即在此召開並發佈的，個人拙見表示之，不知對否敬請指正。

林威林城堡位於德國北部湖區的小島中，森林茂密，大教堂及各座城堡建物都是十三世紀時就保留下來哥德式建築，古色古香，頗有特色。

呂貝克古城，是中世紀時代漢薩同盟的首部，有「漢薩女王」的美稱，整

呂貝克古城雙尖塔城門

個舊城被易北河及運河環繞著，已有千年歷史，尤其是雙尖塔城門更是著名的地標。在一九八七年已被列為聯合國世界文化遺產，遊走一趟古城更覺真是名不虛傳。

漢保是德國第二大城，雖不是海港城市，但離北海不遠，且易北河水量充沛平穩，使漢堡成為德國第一大港，也是歐洲最繁忙的港口之一，繁華與富豪古城與新式建築到處可見，所謂舊瓶裝新酒，漢堡應是代表城市。

佛洛登堡小鎮迷人

不來梅童話故事之都

萊茵河180度大轉彎如詩如畫

不來梅是德國重要的文化城市，從市場廣場上豎立了六百年且有十公尺高的羅蘭騎士銅像，及市政廳上亦有查理曼大帝與普魯士時期七大選帝侯的雕像當可了解。更難得是不來梅所呈現的是德國音樂，童話等藝術重要「發源城市」，市內廣場上隨地有各種動物的雕像，雞、貓、狗、驢更是不來梅的代表寵物。童話藝術中格林二兄弟的「格林童話」：小紅帽、白雪公主、睡美人、灰姑娘、青蛙王子……等兒童經典故事，皆集中於此，尤其在城中各窄狹古巷中溜達，文學文化氣息，或可自然感受享受得到，真非筆墨所能形容。

佛洛登堡是德國西部的一處迷人小鎮，在普通地理圖書上幾乎是不容易找到的，旅遊雜誌卻特別建議必須拜訪參觀的重要景點，到此一遊果然不出所料，大伙兒都有豁然開朗，獲益良多不虛此行之感。原來此小鎮竟是如此寧靜整潔，更難得的是全鎮雖不甚大，但所有房舍建築僅用黑白兩色；黑瓦白牆，連門窗木料都漆成黑白相間，登臨山坡面對全鎮，更能顯出其真與美，人人都歡欣無比，跳躍三尺大聲呼喚不虛此行之樂耶！

萊茵河是歐洲最長的河流，如上所述水量平穩，可通航區段就有近九百公里之長，沿途經過主要國家有奧地利、德國、瑞士、法國、荷蘭等，但主要區段在德國境內，因此旅遊萊茵河谷是旅遊德國的重點要項，從歷史中的城堡，古鎮及沿岸的田園風光，都是讓人瀏漣忘返的景點，而最優美河段就在德國境內從美茵茲到科布倫茨的一段，因萊茵河在此來個180度的大轉彎，除彎外有美麗村舍，更將彎內的小山丘、田園、村落像是小島般被包圍著，乘攬車登彎外山頂，鳥瞰萊茵河真如畫中圖案。尤其在休息的園中，再喝上一杯德國啤酒或咖啡，所謂人生難得幾回醉，且面前美景一覽無遺，真快樂仙境啊！

用了十五天環繞德國一圈的浪漫旅遊，了解到德國除了有甚多值得欣賞的自然美景外，更對古典文物的保存能盡心盡力，此由幾十個莊嚴壯觀的美麗城堡當可證明，雖曾經二次世界大戰的毀損，卻都能恢復得圓滿如初，真讓人感佩萬分。另從歷史觀點來探討，個人拙見是幾世紀前的普魯士應是各王國、公國、侯國等各自為政的封建體制，且過著豪奢的生活，此由各邦堡的雄偉建築當可想見。到威廉一世國王任用俾斯麥宰相，才以「鐵血」手段統一建國，成為近日所呈現的日耳曼民族的德國，所以俾斯麥被尊稱「鐵血宰相」，在歷史上當有其特殊地位。總之一趟德國深度之旅，除了天然美景及奢華浪漫的古堡等有不虛此行之樂的收獲外，個人更感受到的是德國竟是個內斂低調就像一個話雖不多，但內在涵養是如此豐富，愈認識他就愈能了解他，真是值得細細品味的國度。

亞得里亞海——巴爾幹半島祕境之旅

亞得里亞海是介於意大利與巴爾幹半島之間大海灣，應屬地中海的一部分，巴爾幹半島在其東側，雖然在中古世紀以來被許多帝國所統治，且互有征伐爭奪，故有歐洲火藥庫之稱。直到南斯拉夫崩倒解體後，變成七個獨立國家，政治立場或更為開放民主，尤其是自然環境本就非常優美，旅遊界當然紛紛安排介紹，現在幾乎是世界旅行專家列入的重要景區，個人亦不例外，特別邀約一群老伙伴踏上旅程。

十六湖之水，深綠深藍

卡斯特地形石筍，想像中的冰淇淋

藍湖，右上方山上古堡就是當天晚上聚餐的古堡餐廳

首先看見許多跟歐洲各地一樣的美麗古城堡，斯洛凡尼亞的布雷得湖有歐洲藍湖之稱，湛藍清澈的大湖，及倒映在懸崖上的古堡，上下結合真美不勝收。再乘遊艇登臨湖心小島，更能體會藍湖的恬靜自然，怪不得斯洛凡尼亞人多稱之為聖湖聖心。

波斯托伊那城邦有世界最美的天然鍾乳石洞，在地理學名詞把鐘乳石洞稱為「卡斯特」地形就出於此地，入洞仔細欣賞（乘電動車）石筍、石乳、石柱等及各種似美人魚……讓大伙兒有終生難得一見的感動。

進入克羅埃西亞首先探訪有歐洲九寨溝之稱的普萊維斯十六湖國家公園，從俊

希區考克曾形容：世界上最美的落日就在札達爾

拔的山頂流出上百條瀑布，注入湛藍的大湖，眼前所感受的是雄偉的青山、清澈的激流，如同仙境的美湖，一一呈現更能令人感受自然界的美景，非親臨其境實無法以筆墨形容。

札達爾市是古羅馬的古城，在十四世紀時代就已經設有大學，從許多半毀的城牆及紀念碑石，多尚可考證得知。而在此最讓人喜愛的是沿亞得里亞海邊，享受徐徐吹來的海風，不僅清涼舒服，且似乎有悠揚悅耳的美聲，尤其在傍晚時候能看到滿天彩霞的落日餘暉，大文豪幽默大師希區考克曾特別讚美世界上最美麗的落日就在札達爾。大伙兒紛紛拍照，真美！真是難得一見，不虛此行！

科巧拉島是馬可波羅的故鄉，他是世界的有名旅行家之一，曾在中國元朝帝國當官，可知是打通中西交通、貿易的名人。而島上的古城應是羅馬時代的建物，從仍然堅固的城堡上向下一望，是全島紅色的屋頂房舍，湛藍的海水清澈無暇，在如此浪漫優雅的環境，果能有馬可波羅的快意人物。哈瓦小島上的古堡更令人回味無窮！

杜布羅威尼克古城，依山傍海，環城城牆依然堅固如初，沿牆走一圈所見到城內的小巷人家，城外美麗的港灣，除了停滿了許多小遊艇外，連環遊地中海的大郵輪也是必定停靠的指標港口，

馬可波羅故鄉科巧拉島上看海港

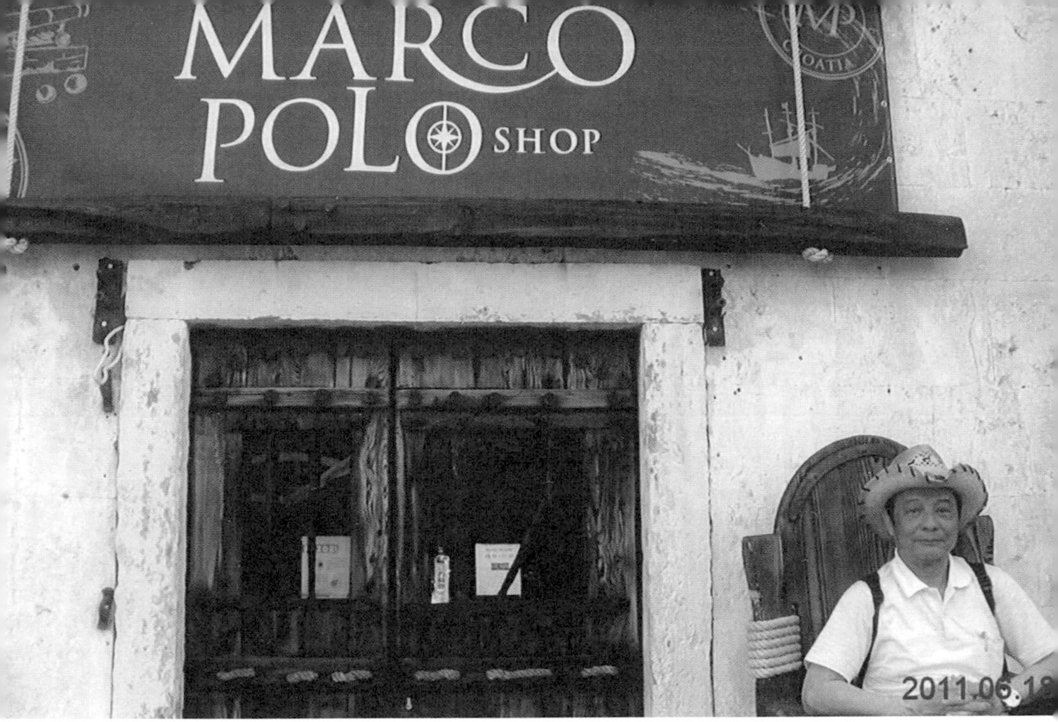

科巧拉島是馬可波羅（中國元朝）的故鄉，馬可波羅的住家仍然保存著

從杜布羅尼克古城看海港，美女們的海游夠湛藍、夠浪漫吧

哈瓦爾小島之古堡

「夠美吧」，真如蕭伯納說的

因為此城有許多值得留念的文化珍貴建築，又有令人垂涎的生蠔特產美食，到處飄香小咖啡廠……，1979年已被聯合國文教會列為珍貴的世界文化遺產。更有一說，目前紳士們的領帶就是從此地古戰士的裝飾流傳下來的。大文豪愛爾蘭作家蕭伯納就曾寫到「想目睹天堂美景的人，就到克羅埃西亞的杜布羅威尼克」。壯哉此言，到此一遊樂耶！

伊比利半島與北非摩洛哥等五國之旅

尼斯是法國南部靠地中海邊的歐洲避寒勝地，面臨蔚藍的大海，美麗的白色沙灘，到處是戲水的人潮，真是充滿歡笑快樂之城，因此每年與好萊塢奧斯卡影展齊名的坎城影展就在尼斯市，大伙兒雖未能恭逢其盛，但見雄偉的大會堂，及尋找到幾位大明星所留下的拓印足蹟，亦是一樂也，接著散步於上述美麗的沙灘，一邊是藍藍地中海，一邊是旅館林立的大道，真令人瀟灑陶醉。

摩納哥公國，是從尼斯沿著濱海峭壁，約僅二十公里路程就能抵達的小王國，是世界土地面積僅大於梵蒂岡的小王國，只有一點五平方公里之大而已，但國民所得卻高居

坎城影城一角

世界之首。個人認為主要財政收入，一是靠觀光業收入，如一路上大峭壁公路的壯麗景緻，碧藍的地中海風光，盡收眼底，自古即是歐洲皇室貴族，達官顯要渡假的最愛，二是豪華宮殿建築的蒙地卡羅賭場，每年特意來此大顯身手的奢華豪客，不知凡幾，相信其稅收一定占公國財賦收入有甚高比例。三是公國地窄人稠，加上山海之風光秀麗，世界有許多億萬富豪多有購屋入住之念，所以造成有全球銷金窟的房價，故不論購屋買賣稅及房屋稅當是國家重要財政收入之一。

摩納哥旅遊多會想到另一鮮活的愛情故事，上世紀國王雷尼爾三世和奧斯卡金像獎影后葛莉絲凱莉結婚，轟動全球的愛情故事，當時影后毅然棄影，遠離影藝園當上王妃，曾獲世人的祝福與稱羨。婚後育有一子二女，可稱生活美滿，惜在一九八二年九月十四日，不幸親自駕車卻遇車禍而喪生，全國哀痛，至今每年九月十四日忌日，仍有許多影迷送花偶表哀念。

亞維儂古城是建於十四世紀法國南部的城堡，兼具宮殿與城堡的功能，入城觀賞其內部是富麗堂皇的建築，深邃幽靜的長廊與花園，據史傳前後有七位教皇在此過著奢華的生活，外面醒目的堅固城牆，或可想而知。但仍最為人人歌頌的是，城外隆河上的顯著斷橋，至今仍保留原貌，且被寫成「在亞維儂上」法國民謠，而遠近馳名。

摩納哥公國海岸一角

隆河（法國大河流入大西洋）斷橋（聖貝內澤橋），因法國民謠〈在亞維儂橋上〉而遠近馳名

安道爾是夾於法國與西班牙兩國之間，庇里牛斯山兩個山谷中的小公園，全境平均海拔約二千公尺，是避稅天堂與冬天的滑雪勝地，旅遊業相當發達，與梵蒂岡、摩納哥等是聯合國公認的袖珍國家，能來此遊歷亦算難得可貴。

安道爾是四個山谷組成的小國

朝拜聖地鉅齒山

亞維儂世界文化遺產城市「卡卡頌」堡壘群

西班牙

來到西班牙北部山區，一定不會錯過兩個重要景點，一是已被聯國列入「世界文化遺產城市」的「卡卡頌」，它是全世界唯一的一座「雙牆防禦型古城」，高距歐德河陡峭岸邊，並擁有52座城樓，漫步在約兩公里的城垛上及古城區一行，有時光倒流的浪漫情懷。另一個是著名朝聖地——鉅齒山，可能是地殼變動產生的特殊地形，非常雄偉，因此山上修建充滿靈氣的「黑聖母」修道院，只見來此聖山朝拜的真是人潮洶湧。

巴塞隆納，位於西班牙東北部瀕臨地中海，充滿陽光與自由，熱情奔放氣息的大都市，非常重視體育活動，巴塞隆納足球隊已得過幾次歐洲職業足球大賽的冠軍獎，更舉辦過夏季奧林匹克運動會。而一如紐約「自由女神」、巴黎「菲爾鐵塔」、舊金山「金門大橋」等重大城市的地標一樣：「聖家堂教堂」是巴塞隆納的精神象徵與重要地標，由建築界怪傑高弟所設計，從1882年動工至今已超過一百卅年尚未完工，雖然仍繼續在修建，但每年到此參觀與朝聖者，其數當以百萬計。大門入口左側牆上有一面4加4數字方塊，不論上下左右或斜面交叉相加總合都是33，是數學天才的傑出設計吧。

巴塞隆納之「聖家堂」是建築怪傑「高第」之名作，1882年動工至今尚未完工

上下左右及斜面交叉之合皆為33

馬德里是西班牙首都也是最大都市，被稱為「歐洲文化之都」，除了是政治，經濟、交通的重鎮外，文化之所以被特別重視，主要是市內有多處舉世聞名的重要景點，普拉多美術館（記得以前稱哥雅美術館），館內珍藏著哥雅與委拉斯蓋茲等偉大畫師的名畫，尤其哥雅大師為某伯爵夫人的裸體名畫（據說花了將近半年時間）與用了幾天的穿禮服畫作並列一起，乃美術館的鎮館之寶，更是藝術界的趣聞。西班牙廣場上塞萬提斯大文豪的雕像，《唐吉軻德夢幻騎士》就是其名著。哥倫布廣場更可緬懷十五世紀西班牙是世界海權極盛時期，並發現美洲新大陸的光輝偉大，為紀念他，重要路口等地有好幾座哥倫布雕像。還有一個西班牙人自誇是從馬德里算起向歐洲大陸前往的零公里標界，亦是景點之一，國家旅遊觀光設計值得學習！

西班牙零公里標界

馬德里普拉多美術館，以前應該是哥雅美術館

賽歌維亞古城之水道橋，建於2000年前羅馬時代

在托雷多古城沿途的唐吉軻德風車

馬德里附近幾個古城更是非常值得深入觀賞：十一世紀的阿維拉古城，從城外景點四支柱欣賞，城牆美麗堅實。市區遍地是如茵綠草與鮮花，著名的阿維拉及聖維聖德大教堂，雄偉莊嚴，自古以來朝聖者絡繹不絕。塞歌維亞更是羅馬時代的繁榮古城，從二千多年前興建的花崗石高空水道，就能體會當時人們解決用水的智慧與偉大。托雷多古城被太加斯河圍繞著，四周就是肥沃的拉曼查平原，景色壯闊蒼翠，沿途一路上白色風車林立，可說是有名的風車村，上述唐吉軻德夢幻動人故事，背景來源就是此地吧！舊皇宮位於城堡的最高處，宮內仍保存中古時期的各種稀世寶物：如君王寶座，黃金神雕等，更難得有可能由中國傳於的龍、鹿、魔鬼等壁雕，至今仍栩栩如生呢！

葡國1514年來到澳門（MACAU）

葡萄牙

葡萄牙與西班牙同是揭開海權序幕的國家，里斯本是葡萄牙首都，「白冷塔」是十六世紀初的海岸巡防駐紮地，也是設計新穎的海洋紀念館，原址乃紀念亨利王子於十五世紀創立的航海訓練基地，內外所展示的船艦，古砲皆為當時所留下的古物，各種古蹟已被列為「聯合國文教組織人類珍貴的文化資產」。廣場上更有十六世紀葡萄牙在世界所有屬地的地圖，其中個人矚目的是1514年所借占的中國珠江口西岸邊的澳門（葡語所稱的MACAU），直到1999年12月才被中國和平收回，倒是歷史上奇特的全球聞名都市。當然在館旁的正點大咖啡廳，我們也品饞了1836年來就頗負盛名的正宗「葡式蛋塔」，算是滿足了口饞心願。

CABO DA ROCA
AQUI.....
ONDE A TERRA SE ACABA
E O MAR COMEÇA
(CAMÕES)
PONTA MAIS OCIDENTAL DO
CONTINENTE EUROPEU
CAMARA MUNICIPAL DE SINTRA
1979
LATITUDE 38°47' NORTE
LONGITUDE 9°30' OESTE
ALTITUDE 140' ACIMA DO NIVEL
MEDIO DAS AGUAS
2014 05 06

洛卡岬紀念碑

洛卡岬是歐亞大陸塊的最西端，有「世界的盡頭，海洋的起點」之稱，在此能眺望大西洋的美景，與燈塔及紀念碑分別拍照留做紀念，再加上可獲得一份「歐洲最西點證明書」，真值得永久回憶及珍藏。證明書記載洛卡岬位於北緯三十八度四十七分，西經九度三十分，海拔一百四十公尺，「陸止于此，海始于斯」，葡萄牙帆船在中古世紀向世界去找新大陸的信仰與冒險精神，從此岬出發！

卡洛岬紀念碑與大西洋

艾佛拉小鎮被稱為葡萄牙人最喜歡、最適合居住的都市，建築物擁有羅馬時期、西哥德時代及阿拉伯文化等風采，可見證除了羅馬帝國外，回教的鄂圖曼土耳其帝國，也統治了地中海周邊亞歐非三洲的大遍國家。尤其從大教堂及神殿中天花板，牆壁的雕刻，庭台樓閣的擺設與裝飾，可知是融合了各宗教的結合體，已被「聯合國列入人類珍貴的文化遺產」。

再回到西班牙南部的塞維亞古鎮，世界最偉大的航海家哥倫布發現新大陸後，創造了海運的黃金時代，古鎮也因此繁榮興盛，由塞維亞大教堂的不凡建築，內部頗具藝術的雕刻及裝飾，可知當時古鎮的重要，此教堂之宏偉排名世界第三，僅次於羅馬凡蒂岡聖彼得大教堂與倫敦聖保羅教室。哥倫布過逝後也長眠於此，乃後世人景仰之地。一九九二世界博覽會就在此舉辦，可見塞維亞不僅古蹟是保存良好的古鎮，亦是很現代化的大都會。

格拉那達市是穆斯林建立的格拉那達王朝的首都，在十五世紀末回教王朝才殞落，但前後王朝留下了極具藝術價值的阿爾罕布拉宮，及查理五世宮殿，至今被形容為「人間樂園」；皇宮內首先見到近百根壯麗的樑柱，使空間顯得寬闊雄偉，加上天花板精美雕畫與採光自然，真是無比輝煌。宮外皇庭花園，設計精巧，噴泉水池，修剪整齊的花

格拉那達「人間樂園」阿爾罕布拉宮之雄偉建築

草，體現出「大食帝國」與查理五世時期的繁華宮殿及庭園建築，有其特殊風格，至今堪稱精華代表作。旅遊行家常比喻到西班牙旅行如沒觀賞阿爾罕布拉宮，等於沒來過西班牙之狂語。

隆達古城是小而美的小鎮，建於甚為奇特的懸崖上，新城與古鎮隔著一條深達一百二十公尺的深谷斷崖，古羅馬時代建築當時被稱為世界最高橋，將新舊兩城連接暢通，而舉世聞名，個人特別賣力輾轉尋找到谷底，仰望絕壁上雄壯的橋柱與高橋，終於感覺到隆達古城的不朽氣息。再加上懸崖邊的鬥牛場就是西班牙第一間鬥牛場，才知瘋迷全球的西班牙鬥牛民俗，就是發源於此，史上名聞西班牙的鬥牛俠客，有許多位都是在此誕生的，真是另一種珍貴所得。

隆達古城之世界最高的橋

鬥牛一試

直布羅陀是西班牙南端靠地中海沿岸的一個小半島，面積只有6.54平方公里，人口卻近三萬人，屬英國殖民地。從世界史觀來說，約在西元十六世紀英國海上勢力興起，承接了西班牙、葡萄牙、荷蘭等國的海上霸權，西元一七一三年西班牙將直布羅陀割讓給英國，主要是直布羅陀地理位置之重要，它離對岸的北非摩洛哥只有十四公里，此海道通稱為直布羅陀海峽，是控制整個地中海出入大西洋的門戶，地理位置在軍事上當然極為重要，一九三〇年英國建築的碉堡，最高據點花崗石上的瞭望台，砲台等至今都仍保存，甚至還可完好使用。特別奇特的，直布羅陀因面積狹小，雖修築有一座標準的國際機場，但其跑道與主要道路成十字交叉，汽車、行人來往，由於飛機的起降有紅綠燈管制，這是世界唯一的需與行人、汽車等候的飛機跑道吧！

阿爾西拉斯市在直布羅陀旁，是歐洲大陸最南端，也是西班牙銜接歐、非兩洲的重要港口，從此搭乘渡輪橫渡只有十四公里的海峽，很快就抵達非洲摩洛哥名城——坦吉爾，接著是來一趟北非摩洛哥之旅。

摩洛哥北臨地中海，西瀕大西洋，應屬氣象學上的地中海型氣候，所以是北非的花園。首都拉巴特是法國殖民地時期總督府所在地，幾世紀來的重要古城，只見王宮莊嚴肅穆，從大門的設計景觀，及庭園的寬廣，可知是回教時期的繁盛，直到罕默德五世領導強勢脫離法國而獨立，所以穆罕默德五世寢宮，是國家重要的紀念建築，陵寢有青銅的幾何圖案，窗戶皆是華麗的彩色琉璃，可說是阿拉伯建築藝術的絕佳作品，而且由皇家騎士隊負責守護，更顯得其重要與崇敬之意。

直布羅陀據高點

卡薩布蘭加是摩洛哥第一大城，也是北非洲第四大城，古城區保留著阿拉伯人統治時期的繁復建築，當然有許多屬於回教文化手工藝品，新城區又都是嶄新的造型，有聳立的大樓，整齊的椰林大道，古今混合一體，真讓人有深深著迷的感觸，代表作是「哈桑二世清真寺」面積僅次於麥加，世界第三大，高高聳立於大西洋岸邊，二百公尺高的回教名寺，所以好萊塢奧斯卡重要影片《北非諜影》特別選在此地拍攝。

臨大西洋之哈桑二世清真寺

加拿大——北美洲之旅

赴加拿大旅遊通常分加西與加東兩部分，不能免俗先走一趟西加拿大；溫哥華市是首先到達的起點，它是加拿大西部沿太平洋岸的最大城市，也是中國僑民最早來到加拿大的城市，相信目前也是加拿大華人最多的城市，主要原因之一，據記載十八世紀末美國與加拿大開始建築東西橫貫鐵路，大量徵募華工，來加拿大的華人就超過一萬五千人，對加拿人的鐵路建設貢獻頗大，尤其是由西向東行鐵路上，北美西岸重要山脈（從阿拉斯加至墨西哥）；海拔高低差達一千七百公尺，是工程最艱難的一段，我們乘汽車沿93號公路，觀賞沿途美麗風景，更重要的是鐵道工程一路呈「8」字型，螺旋迴轉盤山，且多次進出隧道，逐級上山，真是既驚奇及佩服，台灣阿里山鐵路當可比擬。

布查德花園

露易絲湖

布查德花園是坐落在溫哥華的華麗花園，原先是一座石灰礦場及改建為花園，經過近百年的多方努力整修，不僅是花花草草的花園，其造景之美真嘆為觀止，目前每年來園遊客已超過百萬人，且被評比為「加拿大國家歷史遺跡」。

班夫國家公園是加拿大最早，約西元1885年頒布的國家公園，且依有班夫小鎮而得名吧！主要因靠近洛磯山北段，有終年積雪的高山，冗長的冰河，廣大的森林，更有一潭世界排名前茅的美麗湖泊——露易絲湖……在此特一一道來。

露易絲湖三面雪山環抱，海拔有一千七百多公尺，青山白雪映著碧藍的湖水，真有人間仙境之美。當年英國維多利亞女王將心愛女兒露易絲嫁給加拿大總督，獲總督之垂愛而將此湖取名為露易絲湖，並在湖畔建立一座至今仍為遊客們瘋狂訂住的華美古堡，從住一宿需上萬美金仍是常年客滿，就可知其建築的古老莊嚴、裝璜華麗，打開被戲稱世界最美麗的一扇窗，看出去露易絲湖盡在眼底，真讓人怦然心動不已。

班夫因靠近北極圈，高山終年積雪，是加拿大的滑雪勝地，尤其是冬季，來自世界各地的滑雪高手更是多如過江之鯽，西元2010年世界冬季奧林比克運動會就選定在班夫舉行。更可見班夫雪道之美與水準了。而另一高潮是親自踏上冰河，乘座特有的12輪冰原雪車，登上加拿大著名的哥倫比亞冰原，下車踩在近百公尺厚的冰河上，又滑又驚喜，雙手捧小冰塊，再手洗兩旁已融化的小流水，雖是雙手凍紅，

哥倫比亞冰原

杜夫市的大江東去採景

但平身第一次感受，真不亦快哉！

弓河是流經班夫小鎮的河流，因山谷落差關係，水流較急，當地佩甘民族以兩岸的蘆葦製作成弓而取名，河流中有幾段急流，至今仍被旅遊界難忘的，是五十年代好萊塢名片「大江東去」，男女主角勞勃米契與瑪麗蓮夢露，劇情中被印地山人追殺，乘木筏逃離順水而下，經過一段小瀑布急流，就是在此拍攝，到班夫旅遊多會介紹來此觀賞，算是讓我們這伙兒老影迷對電影情結的美好回憶吧！

多倫多

多倫多市是加拿大最大都市，位於安大略湖的西北部，也是商業與交通樞紐，前述早期北美洲東西交通以鐵路交通為主，加拿大的太平洋鐵道公司應運而生，總公司就設在多倫多，據記錄當時的主要築路工人大量是來自中國華工，而華工的主要集中地，一是上述的溫哥華，另大部分都是多倫多，所以從十九世紀中葉以後多倫多就有許多中國廣東來的華工，經幾代後至今為數仍是最多的，最近2016年7月1日還特別在多倫多興建了加拿大鐵路華工紀念碑，以茲紀念。

美國與加拿大兩國幾乎是合為一體，來往是不用特別區分的，參觀多倫多世界最高之一的CNN電視塔大樓，可看見多倫多市全景及安大略湖，大樓底下的小方塊運動場，原來就是美國職棒藍鳥隊的主場，當可證明了。

渥太華是加拿大首都，原本是個山谷的美麗小鎮，西邊是最大的多倫多市，且英裔占多數，而東面魁北克省的蒙特婁又是法裔較多數，渥太華正是兩裔共同開發出來的交界華麗都市，樸實安祥，因此當時的英國維多利亞女王，就指定這個不是人口最多，也不是歷史最悠久的城市渥太華為首都，我們參觀國會大廈、總督府，皆感到親切樸實，對加拿大的自由民主更能體會得出。

蒙特婁是加拿大魁北克省的最大都市，位於聖佛倫斯河與渥太華河的交會處，原是加拿大大西洋岸的最大經濟中心，也曾是加拿大最大都市，因法裔人口占絕大部分，常被稱為法文為主的加拿大文化首都，素有「北美洲巴黎」之稱，而最美的是乘遊艇遊寬廣似湖的聖佛羅斯河，「湖」中千島羅列，島上美麗豪華的別墅各領風騷，據介紹各島皆「名花有主」，且多為各國富家豪客之渡假中心，幾乎每島皆為「天價」。登上幾個闢建為旅客遊覽中心的較大島嶼，觀賞大伙兒稱之為加拿大的「千島湖」，清風徐來，不亦快哉！

蒙特婁在1976年曾舉辦過世界奧林匹克運動會，各項運動設施依舊完美，惜因特殊因素，台灣代表及運動員來到美國洛杉磯，除了一匹比賽用馬進入蒙特婁外，其餘均不得其門進入加拿大，甚為難過與奇怪！

魁北克省是加拿大面積最大的省分，也是北美洲最多使用法國言語的地方，因此法語為主要的地方語，約八百萬人口的百分之八十是講法語的。因早年為法人統治，傳統建築的城牆，可說是目前北美洲唯一一座仍有城牆的城市，全市古老建築藝術仍然保留完整。滿街是楓葉，尤其在楓葉變紅時，更是美如圖畫。因此加拿大國旗以一片楓葉為主。再加上全市住房，仍保留原貌，真像童話中的糖果屋，所以至今是聯合國登錄為世界遺產的城市。和老伴在旁邊店家買兩杯冰淇淋，漫漫品嚐，真乃人間一大享福吧。再特別一提是在遍地楓葉的人行道上，輕盈漫步，柔軟美妙，真是另一種感覺，這在風雨較大的亞勢帶台灣是無法想像體會的。

千島湖之高價位別墅群

魁北克市景

美國

西元十五世紀哥倫布發現新大陸，才知道整個美洲是個新的陸地（包括北、中、南美洲），經過幾個世紀，歐洲各海運強國開始大量移民，建設開發，以及後來亞洲各國（尤其是中國華工）也積極參與，終於成為世界新興強盛的地方，尤其廿世紀發生的世界第一次與第二次大戰，美國自然而然地參與，所以在軍事上、經濟上、政治上、交通上……皆有其特殊地位。加上幅員遼闊又位於溫帶與亞熱帶氣候，物產豐富，不僅是天然環境使然，再加上幾世紀來大量移民的遷入，終成世界的強國之一。

個人因緣際會，參加了幾次美國的活動與旅遊，特此分兩部分來敘述；一是偉大的人為建造工程，舊金山市（三藩市），美國修築橫貫美國的太平洋鐵路，大批受僱華工聚居的重點，至今華僑仍是最多的都會之一，金門大橋跨越南北舊金山灣口，已是該市的地標，海灣大橋雄偉建造，把舊金山市東西分隔的大海灣連結起來，每天都有二三十萬輛車子經過，也就是把舊金山灣西部的舊市區與東岸的奧克蘭等幾個新興重工商業都市彙在一起，更使舊金山成為美國西部沿太平洋岸的大都市。

洛杉磯市位於加利佛尼亞州中部，是加州首府，屬地中海型氣候，不僅農業發達，工商業興盛，各種娛樂、旅遊、休閒業，紛紛在此成立，如世界影劇界聞名的奧斯卡、好萊塢公司、迪士尼等皆源於此，故人口極速成長，已達四百萬人，是僅次於紐約的美國第二大城。

紐約，美國的第一大城市，不僅在美國，已成為世界金融、經濟、商業、媒體、政治、教育、娛樂……等具有極大影響力的國際大都會，此由聯合國總部亦設於此市，更可被認為世界外交與文化中心。所以紐約在各方面至今都是世界排名前茅，旅遊必須專注體會，非短時間能完全觀賞，個人所見亦僅能略述一二。

自由女神像，是紐約的地標，座落曼哈頓港區的愛麗絲島上，是法國於1886年送給美國獨立的禮物，相信到紐約的遊客一定搭船登臨，而且是免費的渡輪。曼哈頓可說是世界最精華的行政區，被東河、哈德遜河及哈林河包圍的經濟繁榮和各種文化薈萃的中心。上述聯合國總部大廈建於此，西元1930年完成的世界最高的102層帝國大廈也是在此，數十年前到紐約旅遊，一定以能登上大廈為榮，許多好萊塢名片也多以此背景。世界聞名的克萊斯勒大廈、洛克菲勒金融中心……都集中於此。最不幸的事是紐約世貿雙子星大樓，可代表世界金融、貿易、經濟……等地標，有110層高，但在2000年9月11日被恐攻而燒毀，真是可惜。

紐約即是世界各方面頂尖代表，可供觀賞之景點特多，如華爾街金牛雕像，傳言撫摸牠可帶來福氣，大都會博物館，珍藏著來自世界各地與當代藝術界的珍品，以及最現代化的古根漢美術館，都是值得仔細品嚐的……。

紐約市地標自由女神

華爾街金牛

華盛頓

華盛頓哥倫比亞特區是美國的首都，一七七六年獨立後，國會於一七九〇年通過，決定將首都從紐約遷至於此。而且是由國會直接管轄的聯邦地區，不屬於美國的任何一州。所以在政治、教育、國際外交……都有其獨特的地位，旅遊界也常以能來此一遊為畢生難忘之行。

白宮是美國總統府，多年前還部分開放，供遊客參觀，個人亦曾參訪過，最近國際局勢詭譎，是否依然如此，不得而知了。至於國會大廈，華盛頓紀念碑、林肯紀念堂……都是必走的重要行程。再加上在世界教育界，各科都非常出類拔萃的聞名大學，更能讓人心

於美國白宮前合影

獨立紀念碑

嚮往之：如波士頓哈佛大學、華盛頓喬治城大學、麻省理工學院、康州的耶魯大學……真是不及備載，全球學子心有所屬各自努力吧！

黃石公園除了上述人文科學，非常吸引各地旅行行家外，美國在世界十大自然美景亦不少，黃石公園是美國第一個國家公園，主要位於懷俄明洲，蒙大拿州和愛達荷州等三州交界處，以前是美國野牛成群，現在瀕臨少數並已列入保護類。公園內熔岩地熱奇觀，及定時噴出的老忠實間歇泉，尤其是湖光山色及豐富的野生動物是難得一見，乘觀光巴士，遇見這些野牛、野狼等動物，司機都會停車禮讓牠們，更讓遊客拍照以資紀念。

加拿大「尼加拉瀑布」美景

在美國乘遊艇觀賞尼加拉瀑布氣勢雄偉

尼加拉瀑布是世界七大奇景之一，與南美洲的依瓜蘇瀑布、非洲的維多利亞瀑布並稱為世界三大瀑布，因她與加拿大兩國所共有，但水量之大是第一位，瀑布寬有260公尺，落差達三十幾公尺，因此巨大的水利發電能力是聞名於世的。乘郵艇穿上雨衣，靠近瀑布如臨深淵，被沖得渾身濕透，其樂無窮。而瀑布有百分之八十在加拿大境內，靠近觀之真是萬馬奔騰，氣象萬千。

亞利桑那州土桑市（tucson），一九八〇年有一機會訪問土桑市，因環境特殊，且機會難得，略敘如下，亞利桑那州與墨西哥相鄰，土桑市雖然是該州第二大城，也是州立大學所在地，但生活上已有許多墨西哥習慣，尤其飲食習慣更為顯著。氣候上雨量較少，接近沙漠形態，只是難得礦產極為豐富，曾經在此舉辦全世界最大吐桑寶石礦物展呢！

亞利桑那州土桑市山區之仙人掌

因已是乾燥地區，山中自然生長許多仙人掌，且高大無比，特別邀請當地好友，驅車上亞利桑那州仙人掌國家公園拍照，據友人說，野生仙人掌長出一顆需時一百年，每橫發一枝芽又需時五十年，友人為達成個人心願，大清早來回花費二個小時，開車載個人上山拍照留念，真是感動莫名。

更難得是亞利桑那州土桑市的美國牛仔競技表演賽，每年二月舉行，西部牛仔將工作與生活齊聚一堂。非親眼所見真難想像，人獸之間居然有此默契：如所騎之馬居然能配合音樂跳單腿腳舞、華爾滋舞，沿街遊行，真是難以置信的美妙，再就是狂野的牛仔表演比賽，牛隻瘋狂跳躍把騎在牛背上的勇士，在幾秒鐘內痛摔下來，能為時最久的牛仔勇士得勝。另一種是騎士們手持套圈，追逐牛隻，幾秒鐘內套住牛隻，並下來將牠捆綁住，時間最短者得獎……真是平生僅見，亞利桑那州土桑的牛仔表演（Rodeo）！好耶！

北歐五國＋格陵蘭

芬蘭

芬蘭是北歐五國最東面的國家，東與俄羅斯接壤，北與西北和挪威、瑞典為鄰，西瀕很獨特沒有潮汐的波羅的海尼亞灣。全國擁有占地百分之六十九比例的森林資源，是世界森林覆蓋率名列前茅的國家，而且至今仍保育得很完整，可說是林木茂盛翠綠的國度，再加上它有十八萬多個湖泊，素有「千湖之國」的美稱，初到此地就有心曠神怡之感。

首都赫爾辛基當然就是風光巧妙的花園城。再加上現代文明的建築，及特異保存的古典文化，因此有許多值得觀賞景點。首先到坦佩利奧基奧教堂，通稱岩石教室，是從一整塊天然岩石中開鑿而成（和我們金門的擎天廳）

坦佩利奧基奧岩石教堂的管風琴音美

右後方為音樂家西貝流士的塑像

完全一樣，更難得的是岩壁上有一座巨型管風琴，隨時傳來渾厚優美的音樂，在此稍坐片刻靜聽，只見環形教堂，音效極佳，不自覺地進入音樂藝術的境界，真捨不得離開。

由於芬蘭茂密的森林，造就了著名的作曲家西貝流士的靈感，十九世紀中葉出生的他，十歲就能開始作曲，至今他的多部交響樂及一百多首獨唱歌曲，仍被歌劇界舞劇界引用為藍本，尤其他所創作的〈芬蘭頌〉一曲，幾乎成為芬蘭的國歌，所以西貝流士被尊為「芬蘭音樂之父」，並且在市內青松翠柏的秀麗森林中，建築一座以音樂為主的西貝流士紀念公園，其中西貝流士的紀念碑外，更有由六百多根銀白色不鏽鋼管製成管風琴，更可見芬蘭對偉人的重視與尊敬。

66　32’ 35” 就是北極圈的緯度，一生難忘吧！

阿曼達女神像（波羅的海的女兒）

另一個甚為溫馨的可說是赫爾辛基的地標，是在市區南碼頭廣場上的阿曼達女神雕像，她全身裸體聳立在圖型噴水池中，左手托腮靜靜地凝望著芬蘭灣，波羅的海的最東方，顯出端莊秀麗、溫柔嫻雅，是大海的女神阿曼達，更是「波羅的海」的女兒，當然成為赫爾辛基的地標。

接著乘船登上屹立在六個海島上的巨型城堡——芬蘭堡，它是在瑞典統治時期（十八世紀中葉）所興建的，目的在防禦俄羅斯的入侵，以保護芬蘭的海上安全，工程非常浩大，有炮塔、城堡、地下通道等軍事工程可說是堅固齊全。現已列入世界遺產。

羅凡涅米——聖誕老人村，相傳是聖

聖誕老人村標指世界各大城市的方向，居然TAIWAN, TAIPEI是最上面的，可見台灣人來的最多吧！

誕老人的故鄉，又因正好在北極圈上，也就是北緯66度32分35秒，每年到此一遊的旅客絡繹不絕，而有三件必定會想做且頗具紀念價值的事：一是雙腳跨越北極圈畫線上照張相，二是領取自己已進入北極圈的證書，作為遊客旅遊文件並終生保存，三是在郵局買幾張蓋有聖誕老人郵戳的明信片寄給親友，相信他們都會非常驚喜。值得一提的是來自世界各地的遊客，每年或有上百萬人，老人村在北極圈劃線端花圈裡豎立一座重要城市方向指標，台北市居然排在最上頭比羅馬、紐約等還高，可見來自台灣的遊客不是最多，就是老人村最歡迎的，經本人指出，我們同行伙伴皆心有榮焉之感。

挪威

挪威王國是北歐斯堪的納維亞半島西面的國家東與瑞典相鄰，東北與俄羅斯和芬蘭接壤，但從和俄羅斯交接處起一直到南端再和瑞典為鄰為止，可說整個北方西方和南方都面對大西洋，雖然國土面積約只有台灣的十倍大，但海岸線長達二萬一千公里，是整個地球圓周的一半，當然包括所有峽灣兩岸長度在內，由此可知世界上最多、最長、最深、最美的峽灣都在挪威，所以旅遊挪威欣賞峽灣是重點之一，而且每個峽灣都有她的特色與美景，就以美不勝收來形容都不為過。

哈丹格峽灣

弗拉姆高山火車中途，尤斯瀑布

哈丹格峽灣，先乘車沿途欣賞哈丹高原的美麗景色，首先落差達二百公尺的沃林斯瀑布，只見兩條水柱像從山崖中竄出，水聲震天，煙霧迷漫，氣勢非凡，是挪威最大的瀑布，只是距離稍遠，只能遠望，無法近觀。乘渡輪仔細瀏覽哈丹格峽灣之美，只見水面平靜如鏡，兩岸山色翠綠，加上朵朵雲彩，倒映水中，如詩如畫，倒有心平氣和，寵辱皆忘，不亦快哉之感。

松思峽灣是世界最長的峽灣，首先須搭乘世界聞名的三大高山火車之一——弗拉姆高山火車，沿著陡峭的山坡，彎度很小的急彎，緩緩而行，途中所見是青山綠水的峽谷與白雪皚皚的高山美景，重點景區火車還會停下來讓遊客觀賞拍照，其中最特殊的是尤斯瀑布，水量之大傾洩而下如萬馬奔騰，雄壯威武。

老鷹公路九彎十八拐

蓋朗格峽灣：乘遊船漫遊其上，只見兩岸懸崖處處飛瀑，其中最為人稱道的是，由七條山澗飛瀑布所聚集而聞名的七姊妹瀑布，真有中國畫中山水之美，尤其海鷗成群隨船飛翔，旅客如手掌中放有餅乾等食物，海鷗集聚爭食或是旅遊峽灣之另一趣事，真是令人心神蕩漾，忘卻煩塵俗事啊！下船後乘車沿著全世界最曲折蜿蜒的峽灣「之」字形彎路，只見整條公路在一片山坡上九彎十八拐，平均坡度達到非常極限，被稱為「老鷹公路」，因山勢陡峭險峻，工程艱鉅，登上觀景台往下俯視「之」字形公路。在翠綠山坡中非常壯麗，或再回首欣賞蓋倫格峽灣，更能見其山水之美。

北角是歐洲的最北端，位於北緯71度10分21秒的麥哲雅島上，是一座有307公尺高的花崗岩海角平台，因已在北極圈北方五百公里以上，每年夏季5月14日到7月30日是永晝期，也就是每天24小時可見陽光，在這裡可欣賞到「午夜太陽」。同行伙伴特別要求旅行社安排在六月廿一日（夏至日）抵達北角。午夜12點上觀景台太陽還在海面上方的自然奇景。所謂百聞不如一見，其樂無窮。而每年11月20日到次年1月20日是永夜期，即一天24小時全天長夜漫漫，不見陽光，但可欣賞另一個自然奇觀「北極光」美景，因時間關係，留待下次有機會再來吧！娜威政府為此角觀光勝地，特別在北角和對岸的小漁村（宏寧斯瓦），修築一條長6780公尺，深及水面下212公尺的海底隧道，

北角的緯度是北緯71　10’ 21”

挪威通往世界最北端，北角（NORDKATP）的海底隧道長6870m，深212m

北角地標——地球儀

汽車可直達北角島上，避免以往必須等搭渡輪之苦，可見發展觀光事業亦要有心啊！在北角的最北端懸崖岩石平台上，矗立著一座鏤空的地球儀雕塑，這就是北角的地標，尤其是在午夜12點，遊客們紛紛上台拍照，當是終生難忘的紀念。

卑爾根市是挪威第二大城，也是挪威的舊首都，主要是它位於世界最長的松思峽灣，和美麗的哈丹格峽灣之間，當然是個天然良港，自古以來即為挪威政治、經濟中心，更是各類漁貨、蔬菜、花果、手工藝品等集散地，尤其是漁市場隨時可見熙熙攘攘的人潮，可知卑爾根進出口漁貨量之大。再者港邊一排美麗的典型北歐木造商家，就是已被列為世界遺產的布呂根木頭小鎮，沿各小巷環繞一週，看見的是樸實無華且非常美麗的木屋，而且型式不一，有人字形十分陡斜屋頂，有的卻是窗戶狹長，幾條巷弄非常狹窄縱深，而且顏色各不相同，都很細心地塗上紅、藍、綠、黃等各種顏色，真是又有美麗的現代屋及仍保存古建築風味的老都市。找一家上百年以上的老咖啡店，品味一下懷古之情，別有一番滋味在心頭。

卑爾根背山面海，有七座丘陵圍繞的良港，從市區乘座僅900公尺長，但坡度有26度的「弗羅伊恩」登山火車，約八分鐘抵達320公尺高的「弗洛揚」山頂，鳥瞰都市全貌，各項建築等景色盡收眼底，尤其兩道港灣碼頭停滿各種船隻：貨輪、漁船、郵輪等不一而足，也算不虛此行吧！卑爾根！

挪威卑爾根港市全景

奧斯陸是從一八一四年就成為挪威的首都，是全國政治、經濟、交通、文化中心。主要在地理位置的重要，因其背靠巍巍聳立的霍雨門科倫山，南面對著奧斯陸峽灣及其延伸的北海，故有「上帝的山谷」之稱，可說是蒼山綠水相輝映，風景極為迷人，城市

維吉蘭雕刻公園

的建築布局整齊完美，風格獨特，已成歐洲著名的歷史古城。再加上和海灣對岸的丹麥與德國有火車或汽車都能上船的渡輪，海港聯繫極為方便，這或可說是北歐與西歐工商、旅遊……等興盛的原因之一吧！

維京博物館珍藏的三艘維京古船，當可說明挪威人的造船技術，更可證明中世紀時代維京海盜猖獗於北海與地中海之間的歷史。市政廳莊嚴肅穆，最值得一提的挪威是愛好和平的國家，世界各地許多戰亂紛爭，常在此開會協調，達成許多所被尊稱的奧斯陸協定。每年聞名的瑞典諾貝爾獎，其中的和平獎就是在此市政廳頒發的，當可證明其重要性與真實感，能身臨其境對和平的夢想更有迫切的希望！

維吉蘭雕塑公園是奧斯陸重要地標，占地有八十公頃，主要是以人為主體，從出生到死亡各種生活百態，雕塑顯現出來，據介紹有192座雕像和650個浮雕，親臨觀之小孩歡笑、青年愛戀、老人思慕……健壯的、裸體的，或坐或臥，有石刻，也有銅雕的，所謂人生的四大命輪生、老、病、死，栩栩如生的刻畫在上，最著名的代表作是「人生柱」有十七公尺高，密密麻麻地交疊擁抱著有121個情態不同的裸體人體石雕，相傳維氏歷時十四年才完成，另一個是「憤怒的小孩」，亦極為生動感人。因旅遊時間關係無法細細觀賞或為無奈可惜。

丹麥

丹麥是北歐控制北海與波羅的海咽喉的海上王國，本土面積約只比台灣大三分之一而已，自西元九世紀起不斷向附近海陸鄰國擴張，包括英格蘭、冰島、格陵蘭等成為歐洲強大的海盜帝國，連瑞典都是其聯盟國。十六世紀以後因西班牙、葡萄牙、荷蘭及更強大的英格蘭帝國海權興起而紛紛脫離（西元1523年）瑞典脫離聯盟，連冰島也在1944年正式宣布獨立，現在只剩面積比丹麥大五十倍的格陵蘭島及法羅群島仍為丹麥屬地而已。既是古王國可參觀的歷史古蹟甚多，且皆有嘆為觀止之奇！

美人魚雕像，是丹麥的地標，位於首都哥本哈根朗厄理尼海濱公園的海灘上，是依世界名著安徒生童話故事中「海的女兒」芭蕾舞劇《小美人魚》而雕塑的銅像，全身裸體，腿以下卻是魚尾巴，神色黯然地坐在岸邊的岩石上，真把故事中美人魚栩栩如生淋漓盡致地刻畫出來，到哥本哈根旅遊不來此拍照留念才怪。

丹麥既是中古時代強盛的王國，其宮殿城堡之建築更是美輪美奐，堅固雄偉。如弗雷登斯堡宮殿，現在是丹麥女王瑪格麗特及亨利克親王的夏宮。腓特烈城堡更是北歐最華美的皇宮，城堡外護城河環繞，外觀是堅固雄壯金碧輝煌，堡內雕樑畫棟富麗堂皇花團錦簇，尤其是巴洛克式建築的後花園，多能讓人駐足拍照流連不捨。而古堡是北歐現存最能顯赫出文藝復興時期建築風格，因此有「丹麥的凡爾賽宮」之稱，有人簡稱它為「水晶宮」。從十七世紀中葉到十九世紀中約二百年，丹麥歷代國王都在堡內教堂舉行加冕典禮。

丹麥地標安徒生童話中美人魚雕像

腓特烈城堡之外觀及護城河

另外丹麥最重要軍事要塞，首推克倫波古堡，因其位於厄勒海峽岸邊，如上所述和對岸瑞典赫爾辛堡互成犄角，控制著波羅的海進出北海的水道咽喉，頗具防禦功能，宮殿皆用岩石砌成，巍峨壯麗，更顯出其位置之險要，再加上文史上記載大文豪莎士比亞名著《王子復仇記》哈姆雷特故事的背景即源於此，更加聞名於世。

接著乘搭豪華渡輪抵達海峽對岸的瑞典古城——赫爾辛堡，登上歷史悠久的中世紀古塔，從約有十層樓高的塔頂，可將整個赫爾辛堡盡收眼底，哥德式建築的地標市政廳真美輪美奐，遠眺對岸丹麥赫爾辛格市，更了解此乃兩國隔海距離的最近點。再回首欣賞全市的建築，仍保留著歷史原貌，商家、

登古堡看瑞典古城赫爾辛堡

從古堡上看全市

住屋如此，道路是石砌馬路，街頭上還有許多介紹歷史的塑像，當可了解瑞典對古蹟等文獻的保存是很成功的。

馬爾默市是瑞典的第三大都市，位於厄勒海峽岸邊，也是控制波羅的海進出的重鎮，不同於上述古都，除了仍保有的歷史古都市建物外，現代化建築比比皆是，主要景點，一是HSB扭轉180度的北歐第一高大樓，已迅速成為北歐建築新地標，二是近年完成的全世界最奇特厄勒跨海大橋，有四公里為海底隧道，四公里為人造島，再加上八公里的海上雙層斜張大橋，不僅將丹麥與瑞典兩國銜接著，更將整個歐洲大陸和斯堪地那維亞半島連成一起，且是鐵公路並用，更不影響海上交通的進出，工程之艱難浩大，乘車行駛大橋，心中頗有感動的回到哥本哈根。

冰島

是北大西洋中的島國，靠近北極圈，全島面積雖達十萬平方公里，但幾乎終年積雪，光冰川就約占全島的十分之一，故稱冰島，歷史上一直是丹麥的屬地，最鄰近的挪威幾世紀來有很多移民來此，到二十世紀中葉，二次世界大戰期中才脫離丹麥宣布獨立，在氣候上，每年約從八月至次年四月都是冬季，比較溫和時間只有短暫的三、四個月而已，而且只有全島南部的首都雷克雅未克等地較明顯。再加上全島約有上百座火山，目前活火山仍有二十多座，前些時候火山爆發還造成歐洲空中交通大亂，所以冰島又稱為冰火之國，冰川、溫泉是世界最多的國家，首都市區的熱水管總長度達六百公里，從市區山丘上的

冰島的「小白宮」

二人握手和談，很像吧！

夠帥吧！

「珍珠樓」自然加壓，幾乎是家家戶戶皆有熱水可用，真是奇特而獨有的天然資源保護與福利。

冰島人口只有約32萬，但是個重要的中立國家，首都大西洋岸邊的三層白色小洋樓，被稱為「洋樓」，也有暱稱「小白宮」。1986年10月「冷戰」時期，當時美國總統雷根與蘇聯領導人戈巴契夫，在這裡舉行「美蘇高峰會談」，多少解決許多世界紛爭，而引起全球注目，至今仍原封不動保存著，平常不開放參觀，遊客只能在屋前拍照留念，但個人與同伴陳先生徵求管理員同意，不僅入內參觀，還坐在二位領導人座椅，扮成二人握手言和狀拍照留念，真是難得的經驗，連領隊導遊地陪都稱羨不已。

「藍湖」是冰島旅遊的重要景點，它是利用天然地熱與海水發電後所排放的尾水，囤積成為一座約三公里的露天溫泉湖，可說是取之於大自然的地熱能源，水質含有豐富的礦物結晶，不僅無害，且對皮膚有良好效果，我們大伙兒入境隨俗，也入池享受一次天然浴，樂哉！

最大最壯觀的冰島老實泉

請一位老外幫忙拍的火山口湖

「黃金瀑布」是冰島中部高原上的多條冰河等融化的雪水，匯合的赫維塔河流經一段寬約百公尺，深達七十公尺的龐大流水忽然遇到落差三十多公尺的岩石河床成為傾瀉而下的龐大瀑布，其聲隆隆，有如萬馬奔騰，濺出水珠瀰漫天空，經陽光照射形成一道美麗彩虹，整個瀑布真有如金黃色的垂幕，故有「黃金瀑布」之美稱。

「冰島老實泉」，在雷克雅未克西南方，與美國黃石公園的「老實泉」一樣是全球聞名的間歇性噴泉，雖然間隔時間沒有黃石公園老實泉的時差固定，但間歇時較短約十分鐘，每次噴發過程大約有兩分鐘，且直衝高度達30公尺，不但反覆不停，十分壯觀，天然景象真讓吾等回味無窮。

騎冰上摩托車

「火山口湖」是冰島的重要景色，如上述冰島是「冰火之島」，死火山留下了許多火山口湖，湖水湛藍清澈，並無流水注入，亦無缺口出水，四周紅色岩土完整，據記載是六、七千年前火山爆發後所形成的火山口，湖水之來源相信當是每年西風帶來的雨或雪所蓄積而成。

到冰島旅遊最重要也最刺激的行程，是上朗格冰川騎冰上摩托車，人人穿上當地專家準備的特殊裝備，禦寒厚重的連褲外套、安全頭盔、防風護面罩、手套、及不用脫鞋可直接套上的大雪靴，一切穿戴齊全。在教練的指引下，飛馳在廣大冰原上，又衝又滑，如此奇景，如此激情，真是第一次感受，終生難忘。

搭小艇在冰河中橫衝直撞終生難忘

格陵蘭

格陵蘭是世界第一大島，面積有二一六萬六千多平方公里，雖享有許多自治權，仍為丹麥屬地，從冰島乘較小的螺旋槳飛機往格陸蘭的庫魯蘇克，著陸才知是最原始的沉土跑道，下機直接步行到飯店，雖然路程很短，行李也有一小包車運送，倒是別有一番滋味在心頭。再徒步參觀愛斯基摩人小漁村，途中只見道路是近日剛用推雪車，把約近十公尺的積雪剷平才疏通原來馬路，路面仍有積雪但並不泥濘，尤其看近處的海，是海中有雪，有似溜動的大小冰山，加上比較遠處黑色的山景，山坡中露出數十條或長或短的冰川，黑山白雪自然美景，真像親身走入中國山水畫中的美感。小漁村多為木造小屋，但極地花草生態，凍原景觀多仍保留完整，村民都滿面笑面，親切和藹，真讓人有返璞歸真之感。

而最讓大伙兒難以忘懷的就是冰海航行之旅，搭船前往冰山及冰河，船在大小不一且顯露出各式各樣晶瑩剔透湛藍的浮冰水中，撞來撞去穿梭而過，其聲是ㄎㄧㄎㄧ扣扣（台語），頗為震憾。船長或靠著大冰塊，或抱著小冰山，讓我們拍照合影，留下永生難忘的回憶，才依依不捨地回航進住休息，真是快樂難忘的冰海之旅。午夜十二時大伙兒仍無睡意，因是夏至時光，西望海灣壯闊美景，加上是黃昏

格陵蘭晚上接近十二時的太陽，真是日不落

時候，太陽停在山頭上，把整個雲朵照耀出燦爛艷紅及金黃色的彩霞，美麗至極，幾乎在北極圈內永晝的時光，才能欣賞得到吧！回程途中從空中俯視格陵蘭，這兩天所見的冰河、冰川、浮冰與大海混合一體的極地風貌，重新環顧真是最美的極地之旅。

瑞典

瑞典位於北歐斯堪的納維亞半島東部東臨波羅的海，從首都斯德哥爾摩各景點的參觀，就足以了解整個瑞典王國的歷史與壯美建設，地形上都市西部是陸地，東側就是波羅的海，且有二萬多個島群組成，各主要島嶼雖有七十多座大小橋聯繫，但各島來往交通多數仍以水運為主，因此享有「北海威尼斯」的美稱。

北歐各國除斯堪的納維亞半島與歐洲大陸連結外，幾乎四面被波羅的海、北海與大西洋所包圍，所以自古以來都是重視海權的國家，尤其中世紀時代（西元十世紀起）數百年間，聯盟成「海盜帝國」。「瓦薩沉船博物館」據歷史記載所知，雖是在十七世紀時遭強風吹襲沉入海底，在上世紀瑞典成功打撈，並建此博物館將整船完全處理展出，總共有二萬多件文物，可知瓦薩王朝時代就能建造一艘擁有64門大砲的戰艦，且船身及各種器皿的雕刻都非常精實細膩，當時瑞典該算是強盛的海上王國之一吧！

斯德哥爾摩市政廳是一定會安排的旅遊重點，主要一是其建築之獨特至今仍被認為是北歐最美宮殿，內部的金廳整個牆壁是由近二百萬玻璃和黃金碎片所砌成，富麗堂皇，再加上各代歷史上著名人物的畫像及使用器品，真是琳瑯滿目，或威武臨風的帝王，或阿娜多姿的艷麗后妃，千姿百態，神色萬千。

「藍廳」亦是市政廳另一莊嚴肅穆的禮堂，最著名的活動，是世界聞名且崇高的諾貝爾獎，從一九〇一年開始，每年十二月陸續頒發物理、化學、生理、文學及致力於國際和平等五種獎金（其中和平獎在挪威頒發），瑞典國王和王后在此為得獎者舉行隆重盛大的晚宴。諾貝爾得獎者不在獎金數額之多寡，重要是其在各類別的成就，將為舉世聞名的楷模，或可成為留芳後世的表率，諾貝爾就是斯德哥爾摩人，更是硝化甘油炸藥的發明者（通稱為黃色炸藥），因此獲得了巨大的財富，卒後遺囑將遺產設立基金，並以利息做為世界第一流學者的獎金，至今已超過一百一十年了，真是值得瞻仰的廳堂。

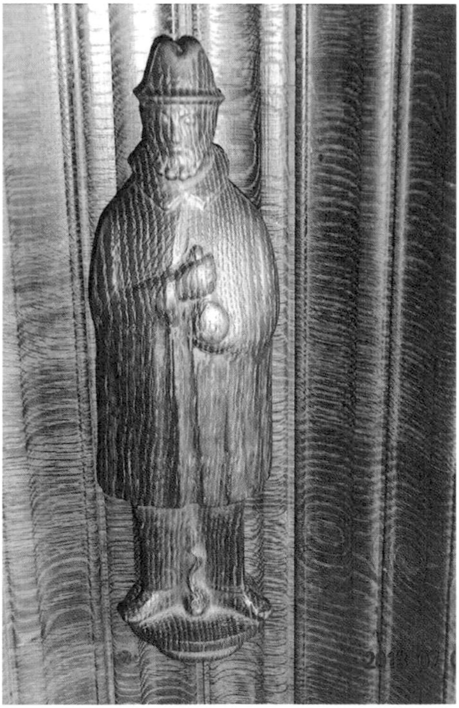
諾貝爾雕像

南美洲

巴西里約熱內盧飯店前沙灘

巴西地標基督山

巴西、阿根廷

拉丁美洲通常是指美國鄰國墨西哥以南，就是整個中南美洲，以拉丁語系（西班牙、葡萄牙、法國語）等為主的地區，換言之，就是哥倫布發現新大陸以後的中南美洲通稱為拉丁美洲。是個自然美，文化美，都很獨特的廣大地方，也成為旅遊界心嚮往之重點。

巴西是南美洲面積最大的國家，也是土地面積僅次於俄羅斯、中國、加拿大、美國等四國，世界第五大面積的國家，但官方語言是葡萄牙語，可知是美洲唯一被葡萄牙統治後獨立的。里約熱內盧是巴西第二大都市，一切建設都非常現代化，每年來此度假

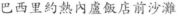

巴西另一地標麵包山

休閒旅客總有近百萬之多，新穎飯店林立，秀麗海灘遊客如織，可惜時間上沒遇到著名的嘉年華成會，只在頗負盛名的餐廳，受到她們的盛裝森巴舞招待體驗一番，倒也了解巴西瘋狂盛會之一遊吧！

基督山已經是里約的地標，雕像高38公尺，矗立在里約國家森林公園，高710公尺的科科瓦多山頂上，俯瞰著整個里約市，乘纜車登臨真是莫大心願。現在已入選世界最聞名的七大奇蹟雕像之一。遊客之多真難想像。而與基督山地標齊名的就是第二名的麵包山了，高有近四百公司的獨立山形，有如一塊麵包聳立海灣中，據傳是原住先民心目中的麵包而得名至今，兩山並列不遠，乃里約必遊之勝地。里約生態動物園特別一提，實際參觀了許多只有南美洲特有的保護類動物，倒是非常值得。

依瓜蘇瀑布是世界三大瀑布之一，與美加的尼加拉瀑布，東非洲的維多利亞瀑布齊名。介於巴西與阿根廷兩國之間，瀑布最寬，從巴西海拔1300公尺的高地流下，除了九個非常壯觀寬大的瀑布外，總共有一兩百條瀑布，穿上雨衣穿梭瀑布幕中，雖全身淋濕，另有不同感受。再受邀乘直升機，從上欣賞整個瀑布的優美景緻，流水沖激的美妙急促，如非身臨其境，無法體會。所以旅遊南美洲，伊瓜蘇瀑布之旅總是排名第一。

依瓜蘇瀑布

阿根廷的美麗餐廳

搭直升機欣賞依瓜蘇瀑布

布宜諾斯愛利斯阿根廷首都，是南美洲第二大城，僅次於巴西的聖保羅，都市建設新穎，有「南美洲的巴黎」之暱稱，喜歡購物者倒是可到許多減稅的購物大樓，滿足採購心願。個人希望能真正吃到阿根庭彭巴草原的牛排，果然在大餐廳有現烤的大牛排，只要您喜歡，師父就切給您整塊牛排。彭巴草原是世界著名的養牛區，能大快朵頤，不亦快哉！阿根庭是西班牙的殖民地，受影響至深，當然特別安排欣賞豪邁奔放，節奏鮮明多變的佛朗明哥舞，只見男女舞者，挺胸蹺臀，拍掌擺裙，姿態優美，真是獨特的民族舞蹈風味，美耶！

火地島，是世界最南端的地方（南極除外），主要城市烏蘇懷亞，當然是南極圈內的最大城市，到南美洲旅遊必定是指定之地；而收穫也特別豐富：參觀世界最南端的郵局，能寄上一張風景明信片給親朋好友，或是兒孫們當紀念品是值得回憶的。再登上遊艇，觀賞許多海島，有的是全島都是可愛企鵝，有的全島已被海獅占滿了，加上許多在海水中捕食，海鷗群飛，真是終生難得一見景色，遊艇停靠在世界最南端的燈塔島，讓大伙兒蒞臨拍照以資證明，有不虛此行

乘遊艇欣賞小島上成群的海獅與企鵝

世界最南端的燈塔在火地島

之感！再步行到火地島最南端的「巴伊亞」小商家，立牌說明距布宜諾絲愛利斯有三〇七九公里，距阿拉斯加有一七八四八公里，真是到了世界的最南端了。

登上登山小火車，到阿根廷的世界自然奇觀（Perito Moreno）大冰川，除欣賞火車在白皚皚滿山飛雪中的鐵道中緩慢登山，下車後乘船遊湖（冰川前的河湖），靠近高聳的冰河，自然界的偉大與神奇更可顯現得知。遊艇上的攝影師非常熟練，可以幫您取景拍照，立刻沖洗出來，下船處任您欣賞挑選，自己認可才收取小費，並不勉強，也算是貼心的服務吧！

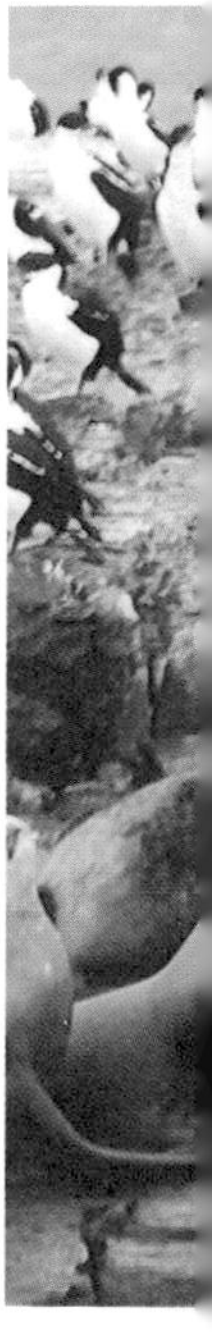

通往阿根廷最南端郵局，及世界最南端的郵筒，因大雪而封路，只能在此留影紀念

火地島冰河

正好是本人七十大壽，在阿根廷南部大城加拉法特市（Calafate）獲同行好友及旅店老闆李水泉先生特別準備的豬腳麵慶祝一番，很幸福吧！

回到烏蘇懷亞旅客服務中心休息，聽取火地島國家公園的影片，重新回味這兩天觀賞的新奇景觀，並接受到世界最南端城市旅遊證書，很難得中心女性主任，知道我們十位伙伴來自台灣，非常歡迎與高興，並親自簽名且一一頒送以示尊重，禮輕情意重的待客之道，大伙兒都心有戚戚焉，再者補充說明烏蘇懷亞雖只有一萬五千人，餐廳與飯店的主人卻是華人，真令人欽佩，更幸運是當日剛好是個人的七十歲生日，創店老闆是來自台灣新竹，且畢業於新竹師專的陳先生，知道後晚餐立刻加燉一道豬腳麵，更送上一份生日蛋糕，能在遙遠的阿根廷火地島，過此豐盛的生日宴，真是感激萬分，終生難忘！

智利

依依不捨離開火地島，進入智利的百內國家公園，早在1978年就已被聯合國列為世界自然景觀保護區，位於巴塔哥尼亞高原上，屬智利南部寒溫帶地區，有冰山、冰川，更有寬廣綠地，車行中時常見上萬隻的羊群，必須禮讓先行穿越，算是奇景之一。公園內岩壁中仍保存著古時生活的壁畫，及許多動物化石或複製品，可惜保護得不很周全，倒是在公園木屋旅館（真像台灣現在流行的民宿）住上一宿，遠處是冰川，融化的滾滾流水在綠草如茵的草原上曲曲折折，真有悠閒自在的快樂人生之感。

智利是世界縱深最長也最狹窄的國家，

智利百內國家公園遠眺冰川

在首都聖地亞哥總統府前被當地學生要求合影，並說歡迎來自台灣（福爾摩沙）的朋友

主要是東邊臨靠世界最長的安地斯山，從加勒比海的委內瑞拉到智利最南端，總長達七千公里，而且高約四千公尺，大部分都在智利境內，而西面就是太平洋所以智利是個南北長、東西窄的國度，地形如此怪異，氣候更是南北截然不同，上述南部是寒帶的冰山冰川，往北走進入盛行西風帶，地中海型氣候，最北端就是阿他加馬沙漠，幾乎是終年無一滴雨水的地方，大伙兒這次旅遊並沒安排進入此乾燥地方。因從南到北氣候的不同，智利是個農牧業極為發達的國家，尤其是溫帶的蘋果，地中海型氣候區盛產葡萄，台灣從智利進口的葡萄酒及蘋果，就可證明吧！首都聖地亞哥，位於智利中部，氣候溫和，是南美洲第四大城，從整個城市建設、政治、經濟、文化等皆可看出是智利的重心及人民生活方式，發現宛如來到南美洲的歐洲，尤其人人笑容滿面，和藹親切，所以阿根廷、巴西、智利三國有南美洲ABC三大國之美稱。

祕魯

祕魯更是旅遊南美的重點，首都利馬有八百萬人的大都市，是西班牙在十六世紀就建立的都會，大伙兒從天主大教堂及（Clarco Herrena museo）博物館，就能看出歐洲天主教文化與當地「印加」文化的不同與寫實。如教堂的壁畫、天花板、雕刻的精美，擺設展覽物品都是幾百年留下來的寶物。博物館內的古印加帝國時代的生活用品及寫照，經多年挖掘考古，使現今專家們對古印加帝國能多一份了解。

除了博物館內的展示外，到祕魯深度之旅最重要的實地體驗有三：其一是的的喀喀湖之遊，該湖位於祕魯與玻利維亞

在的的卡卡湖上的蘆葦屋上參訪

利瑪——祕魯首都市區導覽，郵局之投信口，一摸有好運喔

交界處，為兩國所共有，但祕魯所占比例較大約百分之六十，是南美洲最大湖泊，湖面海拔高三千八百餘公尺，面積更有八千三百多平方公里，水深平均達一百八十公尺，可說是世界上海拔最高且可行大船的高山湖泊，湖中有五十多個可供人居住的小島，最大島嶼仍有印加時代白神廟遺址，應可稱為印地安人的聖湖。而住在湖中最多的印地安人，是用手工編織而成的蘆葦浮島，大約是一個家庭或家族住在浮島上，我們特別安排乘船拜訪一家，女主人及小孩熱誠接待，男士多外出工作，送上茶水點心，親切感人，並給領隊親自掛上自製的手工項鍊。真是又新奇又感動。

的的卡卡湖海拔3827公尺，是世界上可行駛渡輪的最高湖泊

拜訪的的卡卡湖蘆葦屋主合影留念

其二是世界十大文化遺產的馬丘比立，依依不捨的離開的的喀喀湖，搭車前往庫斯科大城區的馬丘比丘，途中經過海拔最高的公路小站，有4338公尺，店家又養了幾隻顏色不同的南美獨有的駝馬，拍照留念還真值得啊！庫斯科是印加帝國的重鎮，在歐陽代坦波小城中，仍保護尚稱完整的城堡，應該是帝王或貴族的堡壘；城牆雖已毀損，四周尚稍完整，城門、街道、穀倉還依稀可見。在庫斯科住一宿，第二天開始見識神祕的馬丘比丘文化之旅。

馬丘比丘據考證是祕魯在哥倫布發現新大陸時期前的印加帝國遺跡，位於海拔二千四公尺高的山脊中，因為

經過海拔4338公尺高的公路

馬丘比丘，溫泉鎮Aguas Calientes的梯田

地勢較高且獨特（出入較不便），故被發現較晚。但從印加古式建築、耕種梯田、山中古農倉、神廟遺跡等的考古探究，多少了解印加文化是源遠流長的，但為何中斷呢？不得而知。現在是公認的世界十大文化奇蹟，並稱馬丘比丘為天空之城。另一非常值得一看的是庫斯科城郊的沙塞瓦曼城堡，此古堡目前所留下的石塊城牆，幾乎都非當地之石塊，且有許多重達十幾噸，每塊須切割密合，才能完整堆砌，且並非全是四方形，有六角形、菱形，甚至多角形，必須互相配合縫接而成，至今仍穩立如山，以上千年前的人力物力真是很難想像。

庫斯科城郊的沙塞瓦曼（Saesay human）巨石城堡

印加帝國馬丘比丘

代表印加文化的巨石

最大（十二噸）的石頭是如何搬來的，且建構密合

其三是世界第二長，且水流量最大的亞馬遜河，其支流最多，流域最大，達七百萬平方公里，比澳洲還大。而源頭就在祕魯境內的安地斯山。大伙兒從利馬乘飛機到亞馬遜河中游，祕魯的伊基多市，再搭遊艇約一小時，抵達民宿小木屋，只見此地之亞馬遜河寬已有二公里以上，且河邊樹木泡在水中部分已有一公尺深，可知整個亞馬遜河真是世界最大的熱帶雨林區，故有地球之肺的美稱，希望全世界能特別珍惜保護。

游河是必要之行，穿梭在林中水道，或可稱樹木生長在湖中（河湖已不可分），樹種之多千奇百怪，熱帶林中的昆蟲，如大小蜥蜴，美麗鳥類等隨時可見。

實地試吹箭，真命中木柱，不錯耶！

亞馬遜河夠寬吧（只是上游而已），小憩一下夠愜意吧！

在比較寬敞的地面上，印地安人也搭建許多山水中的民宿，相信能住上一晚，一定是非常寧靜悠閒，寵辱皆忘的仙境生活。也見到大河中的桴木小家庭，豢養豬狗、雞鴨等家禽，還有一條大蟒蛇供遊客賞玩，據了解他們進出唯有以小艇為主，倒是另一別緻的生活方式。參觀一個印地安部落群，在搭建的蘆葦屋廳中，主人熱誠以酒接待，並邀請我們共同跳舞，簡捷有力，主客盡歡，再教以最原始吹箭打獵，伙伴們舉管用力試吹，雖不中亦不遠矣，真是玩得不亦樂乎！

在南美團出發前，大伙兒要求遊亞馬遜河，請旅行社安排兩件事，一是希望能觀賞河中粉紅色河豚，另一是安排每人釣桿一支，體驗釣亞馬遜河食人魚之感覺，果然地陪很內行，在大水中用口一吹，河中紛紅色河豚居然幾次躍起，真是難得，因時間差關係，

陳映雪指著釣到的食人魚

真的在亞馬遜河釣到一條十兩以上的鯰魚，當天晚上請餐廳切成十塊煮薑湯，真是一大美味，也是一生最難忘的樂事。

無法完成拍照，殊為可惜。釣食人魚，倒是人人一支釣魚桿，並準備了以牛肉為餌，在大河邊樹林中，玩起釣食人魚遊戲，旅行社聲稱從無有過如此玩法，第一次接受此要求，就姑且一試。因是本人要求，就聲明能釣一隻食人魚者，賞美金一元，果然一團十人中真有二人釣上，更難得的是本人最後釣上一條釣一斤多重的大鯰魚，大伙兒高興得跳躍三尺，紛紛拍照留念，連地陪與船夫也樂不可支。食人魚原地放回河中，晚餐在同伙陳小姐下廚指導，大伙兒加菜薑絲鯰魚湯，當餐廳主廚端湯上桌，笑說從未煮過此菜餚，同行陳董馬上付給五十美金小費，同行伙伴以能吃到亞馬遜河鯰魚真歡樂無比，回味無窮！

中美洲九國之旅（含古巴）

墨西哥、薩爾瓦多、宏都拉斯、瓜地馬拉、貝里斯

墨西哥與美國交界，通稱是中美洲最北端的國家，因以西班牙語為官方語言，也是被西班牙統治過的地區，故中南美洲又有拉丁美洲之說。其實到墨西哥你會知道，在西元一世紀時代，墨西哥的原住民阿茲特克人，曾建立很龐大的阿茲特克帝國，非常年輕，現今的首都墨西哥市，應是當時的重鎮，古稱「特諾奇蒂特蘭城」，從考古學家挖掘出，且陳列在墨西哥博物館中的許多寶物；如鎮館之寶阿茲特克精美石雕，巨大人頭石刻，太陽石（或稱曆法石）……等，及已考證出在世紀初王朝就建立的水上花園，現都被聯合國列為世界文化遺產，再實地參如有兩座山大的太陽金字塔與月亮金字塔，皆由巨大石塊堆砌而

太陽神廟

剛到墨西哥在坎昆渡假村海灘悠閒一下

成，旅客仍可拾級爬上，當可推測出阿茲特克王朝強盛時期的狀態。但在西班牙人入侵後，王朝開始沒落，因瘟疫感染而衰亡，傳說很多且待歷史學家研究吧！

瑪雅文化在西元前三千多年既有的古代文明，分布於中美洲的墨西哥東南部、瓜地馬拉、宏都拉斯、薩爾瓦多等國，與上述南美洲的馬丘比丘印加文明齊名，且有過之而無不及，主要經考古學家從墨西哥被列為世界七大奇觀的「奇琴依薩」神廟中發現：一是地下洞穴挖掘瑪雅人已使用的獨特象形文字，二是正廟周圍共有三百六十四個階梯，加上上面一階，共有三百六十五個，等

1888年被發現，CHI CHEN I ZA（奇琴依薩）正廟周圍364個階梯（四面），加上上面一階共365個，等於一年，正門每年3月21日（春分）太陽可直射進去

登太陽神廟一角留影

於是太陽曆法一年的天數，而且正廟正門每年三月廿一日（春分），太陽可直射正殿，可知瑪雅文化在太陽曆法的正確程度與古埃及人的太陽曆法是並稱於世的。前幾年媒體瘋傳根據瑪雅曆法記錄，西元二〇一二年十二月廿一日為世界末日，其實據研究是瑪雅曆法書記載只到這一天，而且是數千年以上的記載，好奇者以此訛傳，真是奇怪。不過倒可知瑪雅文化對太陽曆是有其可信的精確度。

瑪雅文化前已敘述包括中美洲幾個國家；如薩爾瓦多的「霍亞地賽倫」遺址，有中美洲的龐貝古城之稱，目前考古專家仍在繼續挖掘；包括當時貴族的沐浴池等等都有其特色，瑪雅文化最南端的宏都拉斯科潘博

最完整也最能代表瑪雅文化之建築（瓜地馬拉）

宏都拉斯之古城遺址，紙幣以此為傲

物館有許多記載，更保有算是較完美的瑪雅文化建築，其中有座城較為宏偉，印刷為宏國目前使用紙錢幣的背景呢！再從提卡爾國家公園，可知該城應該是瑪雅文明最強盛時期的城邦，佛羅雷斯（FLORES）是偉大的國土，所以其畫像才被掛在展覽室的正中央。瓜地馬拉也是瑪雅文化影響很大的地區，可惜較大的金字塔型大建築幾乎沒有，不過仍保有許多古城，其中安提瓜市古城已被列為世界遺產。特別補充說明，提卡爾國家公園，是目前發現世界最大的瑪雅文化遺址，深藏於茂密的叢林中，直到一百多年前才被發現，其中有許多神殿，如第一號神殿高約三十七公尺，階梯坡度約七十度，每面有九十一階，四面總和是三百六十四階，加上最上一層總和，亦是三百六十五，可知瑪雅文明對太陽曆的了解，一年的天數是很確定的。如果有體力走上有七十米高的最高神廟（有木梯一百八十級），更可欣賞到遠近共有十六座金字塔，塔頂平台上建有神廟，大部分是計算四時節氣或觀天象等祭祀用途，當然少數也發現或為國王等之屍骨，這與古埃及金字塔是法老（國王）陵墓截然不同，再者埃及金字塔都是尖尖的故稱金字塔，而瑪雅金字塔頂端是平頂，且還蓋有極為細緻的廟宇，從造形上觀看也很不一樣。

貝里斯是瀕臨加勒比海新獨立的小國家，人口約只有三十萬，也是中美洲唯一使用英語的國家，主要有個很美麗的動物園，許多世界各地少有的美洲獅、美洲豹、彩色鮮艷的長嘴鸚鵡……等，在此都能見到，遊一趟動物園，收穫不少。又安排住宿在非常寧靜悠閒的獨棟小木屋，算是幾天來最安樂的一晚。

瓜地馬拉

特別拜訪我們的大使館，受到熱烈招待，並與孫大成大使合影，巧遇瓜國副總統來訪合影。

與駐瓜地馬拉大使孫大成先生合影

與瓜國副總統合影（剛好來訪）

尼加拉瓜

尼加拉瓜北鄰宏都拉斯，南接哥斯大黎加，東臨加勒比海，西面太平洋，可說是中美洲峽地中面積最大的國家，旅遊尼國主要通稱是一山一湖，一山是馬薩雅活火山，乘車登臨活火山邊，往山下一望，有征服自然，唯我獨尊之感。當然有許多死火山，我們參觀幾個火山口湖，就能說明了。而一湖就是尼加拉瓜湖，是中美洲最大的淡水湖，面積達八千多平方公里，乘遊艇繞湖一周，頗有乘風破浪舒適瀟灑之感。湖中有許多大小島嶼，據說明已經是價錢很昂貴的富商別墅，這倒很像加拿大聖羅倫斯河千島湖的副本。個人在遊此大湖中，忽然想到，尼國曾計劃和某些大國共同開發，在大湖東西兩邊開鑿運河，經此大湖連貫大西洋與太平洋，也就是希望媲美巴拿馬運河，相信這是轟動世界的大事件，情況如何不得而知。不過巴拿運河因海運需要，及船隻噸位的加大，已無法承受，經十年的拓寬工程已於二〇一七年六月竣工啟用，尼加拉瓜運河之建築，更非我們能預測了。

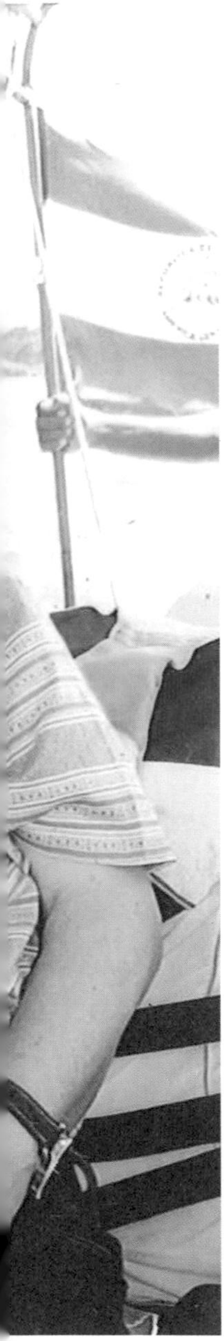

暢遊尼加拉瓜湖

哥斯大黎加

哥斯大黎加介於尼加拉瓜與巴拿馬之間的小國，面積約五萬多平方公里，是個自然保護得很完整的國家，沿途所見都是青山綠水，連中途午餐小餐廳，都是會有潺潺清流小溪可聽，青翠茂林遠近皆是有世外桃源之感的秀麗小田園山莊。尤其在阿雷那火山公園，欣賞著遠處火山口噴出的朵朵雲彩，而包圍著火山是整片茂密的原始森林，真可說是雨林生態遍地叢林的渡假聖地，在寧靜安祥的小木屋住上一宿，保證起床一定是旅途勞累全消，精神飽滿渾身舒暢的第二天。經過首都聖荷西，感受到的是安祥和諧的大都市，可說是人人彬彬有禮，秩序井然的樂土。而哥斯大黎加也是當今世界上第一個裁撤軍隊的國家，其中立自由自然顯現無遺。

哥國住安祥的小木屋，旅途勞累全消除了

正有一艘郵輪通過巴拿馬運河

巴拿馬

巴拿馬共和國是中美洲最南部的國家，也是介於大西洋與太平洋之間地形最狹窄的小國家。因為地狹及十八世紀後世界海運大通，大西洋與太平洋之來往須遠繞南美洲最南端，真是費時費力，因此在西元1881年，法國人開始建造巴拿馬運河，後來因工程技術等問題，西元1904年換由美國接手，並於1914完工，運河長雖只有77公里，但是縮短了幾千公里兩洋之間的航程，運河功能之偉大可想而知。但在建築工程技術上遇到最大的困難，是兩洋的海平面並不一樣，高低之落差必須克服，因此有三個閘門須調整水位，開關閘門船隻才能通過，真的是世界偉大的工程（最近完成的中國長江三峽大霸應是如此）。但因近代貨運等船隻噸位及長度，寬度的增大，原有的船閘只有33公尺寬，已不堪容納，因此十年來經巴拿馬多方努力，終於在今年2017年6月12日完成拓寬工程。相信對巴拿馬來說也是一個非常重要的里程碑。再此補充說明，巴拿馬運河開通後，以運河為界，把通稱的美洲，分為南北美洲，而巴拿馬更成為跨越兩洲，且成為控制世界經濟、軍事……等航運的重要標的國。

古巴

古巴共和國是加勒比海最北端的海島國家，距離美國佛羅里達州只有90哩遠，相信也是早期美洲印地安人經常出入及居住之地，從雲尼斯山谷中看見古印地安人的壁畫，雖已重新粉飾，但仍可推算當時印地安人的生活情況，乘小艇進入鐘乳石洞，只見各類型的鐘乳石尚保存完整，而整個雲尼斯山谷，風景之美有中國小桂林之稱，雖不近亦不遠矣！

古巴印地安人山壁畫

《老人與海》作者海明威住過之旅館

在古巴滿街所見多是古老的名貴汽車，最近世界各汽車生產國的汽車卻很少，經說明因60年代冷戰時期，美國與蘇聯爆發飛彈危機，美國與古巴斷交斷航，尤其是經濟封鎖，造成古巴成為封閉的社會，各種物資不得其門而入所產生的現象，來古巴旅遊更能深一層了解。

古巴有兩種產物是世界聞名，一是蔗糖，產量曾經是世界第一，因幾十年的經濟封鎖，及近一二十年來人們以健康理由減少食用糖類產品，所以古巴製糖業受很大影響，且跌落谷底。另一產品現在仍是全世聞名，而且仍然是翹首，那就是古巴雪茄，幾乎到古巴遊客都會採購，各類品極雖有不同，或親自品味，或贈送親友，能到古巴一遊皆大歡喜。

首都哈瓦那，仍保護著許多古老建築，現在全市人口有240萬，相信被經濟封鎖前，應是車水馬龍，全盛的現代化大都市，我們從滿街跑的老爺名車，當可想得知。再經說明世界名著《老人與海》的偉大文豪海明威曾住宿的飯店，興盛和平時期的古巴是個可愛的地方，海明威在古巴住了二十年，因飛彈危機後返回美國，據文壇記錄他很反對兩國交惡且交戰，不久生病且自殺了，真乃世界文壇的重大損失。

東南亞與東北亞

柬埔寨

吳哥窟是世界大七文化遺產之一，尤其與埃及金字塔、中國萬里長城、印尼婆羅浮屠，三者被並稱為東方四大文化奇蹟，這是個人喜歡探討旅遊的重點。柬埔寨又曾被稱為高棉國，歷史上因受外力的入侵，與內部自相爭戰撻伐，常被世人視為貧窮落後的地方，當然初到此一看也有相像之處。不過到吳哥窟神廟才了解高棉王國應是個有輝煌歷史的國家，否則在一千多年前怎可能有如此宏大的建築，精美的雕刻，建神廟朝拜更經過虔誠設計……。

吳哥窟神廟

如上所述，高棉王國沒落後，吳哥窟竟荒廢了幾個世紀，又因地處熱帶氣候區，林木野草生長快速，相信僧侶們遠離而去，整個吳哥窟就被森林野草所吞沒而消失了。據說直到上個世紀，有位法國考古人類學家，根據中國元朝的歷史記載中有此偉大神廟而募款挖掘，終於找到此重大文化奇蹟，每座神廟古蹟有數十幢，經世界先進國家紛紛認定修復，而一一再度呈現其原貌。

主要發現神廟範圍之廣，被稱為世界最大的宗廟古蹟群，因建物主要分散為二，而有大小吳哥窟之稱。大吳哥建築之特異與雕刻之美，在他處真是難得見到。主廟前之階梯有近百層，而階梯之寬度只有約半個成人的腳長，中途又無寬廣休息處，想上樓膜拜只有用爬的一路而上，一表虔誠，為避免危險，其構建之用心與誠心真是別具一格。另一特殊，幾乎每個宗廟進口大門都有一石刻微笑雕像，多稱為高棉的微笑，如大吳哥佛塔菩薩的四面最為突出。再者因近幾世紀被森林所吞沒，許多廟殿房舍被林木盤根穿透，或從屋內串出，或整棵樹籠罩屋座，無奇不有，甚為奇特，尤其塔普倫寺最為明顯，連好萊塢電影《古墓奇兵》（女主角是安潔莉娜裘利）許多外景，皆在此實地拍攝，當可見證。

吳哥窟之微笑石雕佛像

登主廟須用爬行

古樹根破壞了皇室建築如何是好

東南亞最大的洞里薩淡水湖

洞里薩湖是柬埔寨旅遊的重要景點，主要它是東南亞最大的淡水湖，面積有幾十個台北市之大，與湄公河相連，具調節湄公河水量之功能，因湖面廣闊，住在湖上的水上人家，就有二萬人之多，且多以捕魚為生，生活應是平淡辛苦。大伙兒乘船觀賞，發現已有許多箱網養殖，且產量豐富，又有餐廳待客，所用魚食，由客人指定，現撈現煮，蒸煮炒炸新鮮味美，甚為可口。漁家中還有百貨店，日常生活必需品不虞匱乏，連學校也在水上，學生上課，漁家進出，皆以船隻為之，倒是另一景色。

印尼

印尼是全球最大的穆斯林國家，但在爪哇島上日惹市，卻有個可說是當今世上最大的佛教建築，也就是被聯合國認定為世界七大文化遺產的婆羅浮屠廟，由此推知，當時印尼應當是多數信奉佛教的，統治爪哇島的王朝也非常強盛，才能興建如此雄偉的佛寺，時間約在西元第九世紀，據史書記載，應是信奉佛教的夏連特王朝。後來伊斯蘭教傳入印尼，佛教漸漸衰微，再加上印尼地處火山群的島國，尤其爪哇島至今活火山仍甚活躍，中世紀時日惹市附近印尼最高的

婆羅浮屠廟已被聯合國訂為世界文化遺產

神廟雕壁神態萬千

默拉皮火山爆發，噴出的火山灰將整個波羅浮屠廟掩堵了，再加上幾世紀來熱帶叢林的遮蓋，使整個廟群就此消失。直到十九世紀末，考古學家發現才募款慢慢挖掘，終於出現如此壯觀的世界面積最大的佛教廟群建築，塔塔相連有上百座之多，且沿山坡興建有近十層樓之高，多為精美石雕堆砌而成，或記載佛教經典神像，或刻錄人生百態，多唯妙唯肖，真是偉大工程。更據說因安全關係，地下還有三層暫時停止挖堀，但個人觀察，依目前所呈現之規模，已經是非常壯觀了，故專家們常以此廟與柬埔寨吳哥窟、緬甸蒲甘佛塔，並列為東南亞三大佛教遺跡。

內人捧著剛生下的駝鳥蛋說，真的還溫溫的，而且那麼高生下他竟然沒破

泗水婆羅摩火山國家公園，是旅遊爪哇島的重要景點，行程中因火山瀑發後殘留一片流沙荒漠，只能騎馬才能抵達火山底部，再徒步沿坡登頂，欣賞仍在冒煙的火山口，海拔高度有二千三百公尺，火山口的直徑南北長有800公尺，東西長有600公尺，雖不知火山谷底有多深，但生平第一次身處陣陣濃煙密佈的活火山，真有值得欣慰之感。

悠閒中走一趟泗水動物園，了解到此園動物種類之多，曾是東南亞最豐富的，幾乎世界各地珍禽異獸在此都能見到；虎、豹、獅、象、犀牛、河馬、駝馬、羚羊……應有盡有。乘園內客車環園一周，果真如此。而更千載難逢看見

親眼見泗水動物園雌駝鳥正在生蛋

一隻雌駝鳥正在下蛋，司機停車告知我們，只見牠仍高高站立，屁股一翹，大大的一顆蛋迸然落地，約有一公尺高吧，居然沒破裂，好心的地陪下車拿上來讓大伙兒欣賞，每人雙手捧著還熱溫溫的駝鳥蛋，紛紛拍照留念，真是另一奇特之行啊！不過近聞該動物園有許多負面評論，漸趨沒落，如真屬實倒覺得頗為可惜！

峇裡島是印尼重要的旅遊聖地，在爪哇島東方僅隔約三公里的小島（約台灣的六分之一），但氣候宜人，四面是湛藍海洋，陽光充足，白色沙灘更是迷人，不論是水上活動，水中戲水，可真是迷人的渡假天堂，又因許多高級的園野飯店，世界各地名人常來此舉辦結婚派對，歡度浪漫蜜月。

峇裡島雖僅五千多平方公里，但有三千五百多公尺的山地，雖屬熱帶氣候，但山上氣候溫和，森林茂密，又有一山中大湖，相信是全島大部分用水之來源，真是得天獨厚，湖邊自然有許多度假飯店，更興建休閒的高爾夫球場，在清涼的溫度中揮桿運動，真是不亦快哉！

越南

越南是中南半島東面的狹長國家，北面與中國相鄰，東面是南海，可說南北狹長，東西窄小的國度，重要旅遊景點，第一當屬世界七大奇景的下龍灣，已經被列為世界自然遺產，位處北越海灣中一望無際，數不盡的數百座島嶼，真是大自然鬼斧神工的美麗山水圖畫，與「中國桂林山水甲天下」，相互媲美，自古就有海上桂林之稱。乘小遊艇環遊列島，真有神遊仙島之感，登上其中較大的一島，觀賞美麗鐘乳石洞，算是另一奇特景色，尤其在島上海風徐徐吹來，大伙兒面海高聲歡唱吶喊，樂哉！不過下龍灣之旅已是廿幾年前的事，目前已有大郵輪，可遊覽更多的島嶼，且吃宿皆在船上，相信更豪華及方便。

海上下龍灣美景

北越陸下龍在平寧縣

欣賞海上下龍灣之美，最值得懷念的是平寧縣的陸上下龍灣，只見幾十個像下龍灣一樣的美麗山頭，浮在一片水稻田中，山水風景之美與中國桂林非常相近，和內人共乘手搖小船，從水稻田中的水渠緩緩前進，只見遠近皆是從稻田中長出的美麗山景，到一個較大的「山頭」，沿邊上岸，方知是喀斯特地形，有鐘乳石溶洞……等景觀，與海上下龍灣中山水實為一體，合併稱為海陸下龍灣，應亦合理。

中越是旅遊越南的必看景點，主要已被列為世界遺產的三個重鎮；一是順化古城，越南古稱安南國，皇宮即在順化城，沿香江兩岸有數座皇宮，因時代久遠及戰爭因素，多有毀損，廿年前硬體建設正逐漸整修中，

旅途中當一次皇帝

相信各皇宮目前或有不少已修復完成，軟體建設，越南古樂及戲劇等皆仍保有，並在遊客觀賞中逐場演出，文化的保存與傳承，值得一提。會安古城約在二千年前就是非常繁榮的越南重鎮，來往商旅必經之地，城中充滿詩意的秋河畔，當可體會到古時會安城的發達，可說是活生生的歷史博物館。我們更拜訪了仍據規模的華僑會館，館中奉祀的是華人各姓氏的列祖列宗，倒是值得一提。峴港是越南中部最大的深水港口，各國來往的大貨客輪皆能停靠，目前是越南重要的商業中心，又因位置適中良好，港口條件極佳，已成為重要的國際港口，而整個海灘全是細白的沙灘，真是渡假戲水者的最愛。所以上述中越三鎮，不論是懷舊古文化遺跡，或休閒渡假皆不可錯過。再特別補充說明，峴港因有上述各項優越條件，在六七十年代冷戰時期，更成為美國在越南最重要的海空軍基地！

泰國

泰國古稱暹羅，幾世紀來和中國歷代王朝和睦相處，也是東南諸國中最早君主立憲的國家，並且與相鄰的寮國、柬埔寨、緬甸、馬來西亞等國都能和睦相處，是個政治中立安定，與周圍各國或外力入侵，或長久自發內戰等相比，是個幸福安康的國度。又因全國上下多信奉佛教，是否因此泰國人比較溫柔平實，不得而知。倒是華人僑居泰國已有幾世紀之久，多年前也是華僑人數占居世界第一的地方。個人不懂泰語，但多次到泰國打高爾夫球，與桿弟交談，突然發現泰

世界最大臥佛

語中從一唸到十，居然有八個音和閩南話相近，是否幾世紀來華人的入住或其他原因，不知歷史學家或人類學者研究否！個人才疏學淺不敢妄加斷言。

曼谷是泰國首都，也是泰國最大的城市，一定參觀的景點是大皇宮，泰人最信奉的四面佛寺，臥佛寺……芭達亞海灘是渡假的天堂，多年來一直是來曼谷必遊的美麗沙灘，尤其不論是乘遊艇欣賞，或生平第一次由快艇拉傘騰空瞭望，真是又刺激又好玩（已是二十多年前的事了）。

曼谷又被稱為「東方威尼斯」，主要是有被稱為泰國母親河的湄南河，它發源於泰國西北部高原，流經整個泰國平原，形成湄南河三角洲而入海，是整個泰國人生活上的依靠，更是農業時代經濟來源的重心，世界聞名的「暹邏米」靠此河生產，曼谷被稱為東南亞三大米市之一，皆因有此河之賜而來。多年前乘船逆流遊覽，更見兩岸人家，或食用、或梳洗、沐浴皆在河中，日常生活真是離不開湄南河。近年再次造訪，只見湄南河已整建得清澈見底，河中魚兒成群，隨船覓食頗為可愛，兩岸也多已改建成美輪美奐住屋，經濟之發展進步，當可知曉。

普吉島是泰國旅遊的重點之一，主要它位於泰國西南部的海岸島嶼，面對漂亮的大海洋，環島多處美麗的沙灘，真是海邊渡假勝地。如卡隆沙灘、或乘風破浪游泳、或把

大白菜石（〇〇七石）

整個身體埋在沙中嬉戲解勞等等。所見之遊客似乎來自世界各地，普吉島被稱為世界知名的熱帶觀光勝地實不為過。再加上更美更絕的攀牙灣神祕鐘乳石洞，及電影〇〇七在此拍攝的美景——大白菜島（獨立海中，高有二十米，狀似一顆大白菜），故通稱大白菜石島，又因〇〇七電影以此為背景，現在多以〇〇七島稱之，可知著名的電影亦可使地方旅遊名聞天下，連原名稱都可能被遺忘了，該島泰語名為考平甘島，因狀似大白菜，華人簡稱大白菜島。

馬來西亞、新加坡

馬新兩國原本在一九六三年組成聯邦制君主立憲國家，兩年後新加坡退出聯邦獨立而分治。馬來西亞現在是個君主立憲的聯邦共和國，除了馬來半島及檳城島外，還包括波羅洲島北部的沙巴與沙勞越，通稱為東馬兩邦。首都吉隆坡是個國際化的大都市，主要地標是雙子星大樓雙樓並列吉隆坡市中心，樓高有八十八層，曾經是世界最高大樓，到二〇〇三年才被我們台北的一〇一大樓追過。上樓觀賞，整個吉隆坡市景盡收眼底，相信是旅遊吉隆坡的重要景點之一。另一個通常會安排的觀光去處，是雲頂高原俱樂部，換乘纜車到達山頂，只見腳下馬來西亞特有的奇花異草繁多，不遠處又有幾個綠草如茵的高爾夫球場，我們幾個同好伙伴，頗受引誘心癢癢啊，可惜並未安排，殊為遺憾。俱樂部內倒是各種玩樂應有盡有，最引人者是世界聞名的巴黎麗都秀，正好檔期安排在此表演，再就是雲頂賭場，好玩者儘可大顯身手，不樂此者，也可入場見識一番。

濱榔嶼是馬來西亞半島西北方的離島，也是重要的一州，旅遊重點是觀賞蛇廟，只見神壇上下聚集許多毒蛇，但多是安然靜實，盤繞不動，據傳從不傷人，且自該廟建成後不久就來盤聚，真是神奇，而濱州主要是華人居多的城市，尤其是中國福建閩南人更

乘纜車上雲頂樂園

占多數，廟內供奉的主神正是閩南人尊奉的清水祖師，由此推知，濱州（約二百年前）應是華僑經商及居住之地，因信仰而建的祖師廟。

砂勞越與沙巴二州通稱東馬來西亞，在世界第三大島婆羅洲島的北部與西北部，是典型的熱帶雨林氣候區。我們雖住在亞熱帶的台灣，但冬季寒流來時也有寒意，東馬是個冬季旅遊的近距離好地方，除了目前已有不少五星級的度假飯店，海邊游泳戲水，更安排到幾個離島享受自炊烤肉等美食，及快樂安全的浮潛，加上欣賞熱帶海中的美麗魚群等活動，可說是寒假度假的好地方。搭乘小舟穿梭在婆羅洲茂密的森林中，觀賞少見的大自然飛禽及野花，聆聽其悅耳的啼聲，可真有輕鬆愉快的「桃花源」之感！

沙巴神山，是旅遊東馬海邊戲水及熱帶雨林活動外，另一個不同的景象，因有四千公尺高（比台灣玉山還高一些），溫度適中，林木茂密，飛瀑高而壯，更闢有一座高爾夫球場，特別安排，十八洞下來，有清涼舒活之感，算是另一不期而遇的享受吧！

新加坡是馬來亞半島尖端的島國，面積只有約台北市兩倍半大而已，但因位於麻六甲海峽的掌控點，等於是歐亞海運的必經重鎮，因地理位置的重要性，二百年來由一漁業小島逐漸成為重要兩洋（印度洋與太平洋），航運的補給及商業轉運站，尤其到廿世紀更發展成為亞洲最重要的港口大都市，並於六十年代脫離馬來西亞聯邦，獨立成為自由民主的新加坡共和國，其中華人約占75%，由獨立後先後兩位總理李光耀先生與李顯龍先生皆為華人，當可知之。但從旅遊中更了解到新加坡各種族的和諧，只見人民守法精神極強，社會到處清潔乾淨，秩序井然。如今世界各地仍有種族爭鬥，宗教暴力，甚至恐怖攻擊……相互對比，真是難以想像。

新加坡因轉口貿易的興起，近幾十年來港市經濟愈形繁榮，已成為新興工業國家的典範，雖然是個移民社會國家，但人口已達五百萬人，各項建設都是最現代化的建築，重要旅遊景點：環球影城、聖淘沙、「名勝世界」等乘纜車環賞，當然是重點之一，魚尾獅公園的雕像，更是新加坡的地標，故新加坡又有「獅城」的稱呼！

菲律賓

菲律賓共和國是個群島國家，最大的呂宋島，隔巴士海峽與台灣相望，是個典型的熱帶雨林島國，又因東邊是世界最大的太平洋，每年夏秋兩季海洋熱帶氣旋常形成颱風，所以常年飽受颱風與地震侵襲，但也因此氣候造就了菲律賓特有的自然資源，多樣化稀有動植物極為珍奇，如巴拉望島的海底生態豐富絕頂，長灘島被旅遊界稱為亞洲最美的沙灘，不論靜態地理美景，或動態生物觀賞，都是值得參訪的勝地。

據歷史記載，西班牙航海家麥哲倫爵士，是第一個環繞地球一周的偉人，不幸登陸菲律賓被土著所殺，時為西元十六世紀初期（西元一五二一年），之後西班牙占領菲國並統治了三百多年，通稱為殖民地。直到十九世紀末美國興起，發生美西戰爭，結束後割讓給美國統治，所以菲律賓的官方語言是英語，至今是英國、美國以外，以英語為主的第三個大國。第二次世界大戰短時間被日本占領，大戰結束後一九四六年，美國將主權，返交菲律賓而成為民主共和國。

從經濟繁榮觀點來說，幾個世紀以來，菲律賓也是華人移居的重地，或農或工或商，和當地土著相比，華人可說是有絕對認真努力的優勢，數據顯示幾乎百年來，菲國的經濟財富多數為華人所有。我們從台北中華體育館的興建可知東南亞華橋的經濟實力（如當時我們為舉辦亞洲杯籃球賽，特請泰僑巨子林國長先生，出資趕建而成的中華體育館，後因出借給某團體舉辦活動，施放煙火不慎燒毀，而興建時間為一九六三年，當時台灣經濟尚待起飛，所以請林先生協助）。可見同時間菲律賓的經濟實力，應該比台灣好許多，後來因政治因素，造成近二十幾年來菲國經濟的敗壞，我們從菲勞的輸出當可明鑑。以上所言是個人所見有感而發，不是之處敬請指正。

馬尼拉是菲律賓的首都，也是全國政治、經濟、文化的中心，西岸的馬尼拉灣又是天然良港，也成為菲國最重要的交通與貿易口岸，各項新式建築都已現代化，總統府馬拉坎南宮當可代表。而菲律賓旅遊最美的地方，除了上述許多景點外，個人特別介紹馬尼拉灣的落日美景，站在港邊，看見寬大的馬尼拉港灣，出口處是兩岸山丘，落日在兩山之間的海面上緩緩下沉，天空中展現出的落日彩霞餘暉，真正感覺到夕陽無限好的美景。

韓國

前後多次赴韓國訪問與旅遊，幾十年來對韓國的進步真是佩服，一九七五年第一次至漢城（首爾），看到滿街都有華文，雖然語言不通，但絕不會迷路，可知自古以來「高麗國」不論政治、經濟、文化等與中國是息息相關的，但近百年來因受戰爭（尤其是南北韓戰爭）之苦，促成韓國各方面都必須從頭開始發展；記得當時到板門店（北緯三十八度線）參訪，途中所見田園房舍，都是荒蕪破舊不堪，據介紹韓國人平時飯食，必須一半是雜糧，白米飯是外國遊客才能吃到，當時對韓國人民的守法與刻苦毅力真是佩服，後來再幾次到訪韓國，看到韓國的進步，建設的豪華，經濟的繁榮，國力與人民生活水準的提昇，真不可同日而語。以上是個人拙見，就算是旅遊中的另一紀錄吧！

漢江是韓國的母親河，自東向西流貫穿漢城，兩岸自古以來千百萬人口靠它生活，以前農業與近代的工業用水，幾乎全賴漢江的哺育，才能有今日韓國的繁榮富足，所以一般都認為韓國經濟是「漢江奇蹟」。不僅如此，我們從近年來韓國電影及電視劇，不論古裝戲或現代劇，很多場景或個人沉思，或情侶約會，或各種談判……皆以漢江為背景，更可想像得知漢江是韓人的精神寄託，更廣泛多讀目前所謂「韓流」，其魅力就在漢江可說是非常神聖的。韓國各界也努力淨化美化，使漢江成為旅行首爾的美麗景點，尤其是江上有廿幾座大橋，我們從江邊六三摩天大樓望下欣賞整條漢江之美及幾座雄偉壯觀的大橋，不難想像古代漢江是韓國的倚靠，更是近年來韓國進步繁榮發達之憑借。

南山是漢江南面的一座小山，雖然僅二百六十五公尺高，但因位屬漢城市內，在山上可俯視周圍景色，及大部分漢城市區，尤其最近更增建山頂上的許多設施：八角亭、漢城塔、海洋博物館等等，當然成為旅遊的重要景點之一。還有一說韓國年輕人談戀愛及結婚都喜愛來南山，婚後多能成為佳偶，是習俗、是盼望，總是美滿美麗佳話。

濟洲島是韓國西南方海上的小島，全島面積約二千平方公里，但氣候溫和，島中央的漢拿山是韓國最高的山峰，四面海岸有許多潔淨沙灘，通常有「韓國夏威夷」之稱，美麗的海水浴場，是休閒的好景點，而岩石海岸中多嶙峋異石，其中巨大的龍頭岩，壯似一顆大龍頭，遙望東方大海，是旅遊濟州島必看的景點，更常看到許多寫實藝術畫家，當場作畫，可見龍頭岩的誘人，旅客的紛紛拍照更是不在話下。因此濟州島雖小，卻有高山，白淨沙灘，更無繁華都市的喧嘩與污染，空氣新鮮無比，是韓國人心目中的度假天堂。

霹雷摩芝窟是濟州島的一座岩溶洞，因長度有一千三百多公尺，被韓國人通稱為

「萬丈窟」，應該就是石灰岩「卡斯特」溶洞。現在韓國人習俗卻成為年輕人談戀愛的情人島，尤其是新婚新人最嚮往的蜜月地方，據流傳一對新婚夫婦能牽手進入溶洞走一趟，第一胎定能生男嬰，所以濟州島就自然成為韓國的蜜月島，更甚者每年在此舉辦結婚大典亦為數不少呢！

濟州島上龍頭岩

日本

日本介於亞洲大陸與太平洋之間，主要有本州、九州、四國、北海道四個大島，加上琉球群島等組成的島國，正好位太平洋地震帶及火山瀕臨區，依旅遊界來說反而是造成許多自然美景的地區。地緣上與中國及東亞各國接近，文化上相互影響頗為深遠，所以更有許多已被聯合國文教組織列為世界重要文化遺產，加上近幾十年來，日本各項科技發達，經濟繁榮，人民生活富足……不論硬體建設，或軟體文化遺產的保護，皆是旅行者喜愛的重要國家。個人亦多次前往，特分別敘述如下：

東京是日本首都，也是最大城市，加上相連的首都圈，人口總數已超過三千萬，是全球排名前數位的世界級都市。地標東京鐵塔在一九五八年建築完成，標高三百卅三公尺，比巴黎艾菲爾鐵塔還高十三公尺，乘電梯直上瞭望台，整個東京市盡在眼底，如芝公園、東京灣、銀座區、新宿區等皆隱然可見，另一個重點地標日本皇宮，尤其是著名的二重橋，橋下就是古時候皇宮的護城河，當然現在整理保護得清澈見底，河內幾棵黑松樹，頗令人有思古之幽情，河外一片廣闊的青碧草原，更是美麗清爽。

日本的重要文化名城是旅遊必遊目標，最大的大阪城，是日本戰國幕府時代第二代大將軍豐臣秀吉的權力中心，建築雄偉寬闊，豪氣萬千，內部展示豐臣秀吉的一生，從擔任第一代大將軍織田信長的侍從，最後能完成霸業的歷史事蹟，真值得玩味。姬路城是第一個被聯合國文化組織列為文化遺產的名城，在兵庫縣內重要港口神戶市附近，於西元十四世紀初年，歷史上日本戰國時期各幕府利用婚姻合縱連橫而紀念的產物，但也成為日本文化的代表之一，尤其是周圍多植滿美麗的櫻花樹，盛開時期更成為世界旅客的賞玩重心，姬路城的櫻花更是名聞遐邇。九州熊本市的熊

日本皇宮二重橋

本城，也是日本一百多座名城中，排名前三大的名城，西元一六〇一年施工，總共花了七年建造完成，應該是日本戰國時期九州最雄偉豪壯的建物，當然亦是日本重要遺產，除了外觀的氣勢威武，內部陳列許多歷史寶貴珍藏品，最值得看也非常吸引的人物是，當時名將宮本武藏由沒落流浪到最後成功的一生寫照，從修身養性，悔悟反省，堅忍不拔而成功的範例，終於成為武士的典範。

東京日光東照宮，更是旅行日本必遊之地，祭祀主神就是日本戰國幕府時代第三代大將軍德川家康，繼豐臣秀吉之後，統一日本的歷史名人，傳位幾代後（約三百年），或因眾多因素而還政於天皇？（歷史非今天所言，暫且不論）。東照宮建築莊嚴隆重，氣勢非凡，樹木都已高大雄偉，再加上各類栽值的櫻花盛開，真是軟硬建築之配合，美麗萬千。

更值得一提的是東照宮門房上，在精美的雕飾品中，有三隻刻意雕刻的猴子，一隻用雙手矇閉雙眼，另一隻是蓋著雙耳，第三隻是用手摀住嘴巴；原來正是取材於中國論語篇的「君子非禮勿視，非禮勿聽，非禮勿言」之名言，可知此雕刻珍品正是東照宮有名的象徵，也應是德川家康修身養心處世的傳家訓示吧！來此又連想到日本流傳一軼事，相傳織田信長、豐臣秀吉、德川家康幕府三傑，說他三人要使夜鶯唱歌有何辦法？

非禮勿視，非禮勿聽，非禮勿言

如果夜鶯不唱歌，織田信長便說乾脆把牠殺掉，豐臣秀吉戲說想盡辦法逗牠唱，德川家康說用「等」的，總有一天牠會唱的。所以日本戰國幕府最後由德川家康世家統治三百年，直到第十五代將軍德川慶喜才還政於孝明天皇（明治天皇之父）。

京都市是日本歷史上東京（舊稱江戶）開發前的「首都」，與大阪、奈良、神戶等通稱為關西地區，也是旅遊日本都會安排重點行程，尤其是金閣寺更是京都的地標，本稱鹿苑寺，是日本早期幕府將軍足利義滿在十四世紀末所建的禪寺，因整個寺院外牆皆貼滿金箔，所以一般反以金閣寺稱之，目前已被日本政府列為國寶級文化遺產。

奈良市是日本歷史最悠久的古都，從距今已超過一千二百多年的文化遺產「東大寺」就可了解，不僅雄偉寬廣，且多以巨本建築完成，已被列為世界文化遺產，有趣的是到此一遊，會看到成群的馴鹿跟著遊客隨時摩蹭，真是別有風味，現在已成為國際觀光的重點城市。

日本九州島之旅，個人覺得是收穫非常豐富的行程，我們從神戶乘郵輪行走瀨戶內海，沿途欣賞四國島各主要城市，如高松市、德島市、小豆島、高知市的高知城……或停靠登臨，或在船上遠望，都有不同的品味。從別府市登岸，住進飯店（日式木造建築）首先享受日本最古老且聞名的天然地獄溫泉浴，真是把乘船的疲憊，泡浴一下，完全清除，全身清爽無比。接著到另一個溫泉旅遊勝地——雲仙，聽其名就能預知是如在雲中的仙境，果然一到雲仙（山雖不高），但幾乎是水汽噴射、白煙裊裊，當然是被雲霧所籠罩著，古時舊稱為「雲仙地獄」，真是個避暑泡泉的旅遊重鎮。

熊本市是九州中部的重要古城，主要的景點一是熊本城，熊本城是日本三大名城之一，西元十七世紀出就已興建完成，雄諱豪壯，依天然地勢構築，更顯出此城的氣勢非凡，且能代表出日本戰國時代到江戶時代的輝煌歷史背景，再加上城內陳列著當時著名武士宮本武藏的一生事蹟，及繪影繪聲與佐佐木小次郎（巖沆派武士）的決鬥記事，更加深了大夥兒旅客的好奇心，欣然登城一遊。第二必遊景點，就是登臨海汝一千五百多公尺高的阿蘇火山，只見仍在噴煙的活火山，且火山口範圍寬廣據介紹東西寬十八公里，南北長有廿五公里，可能是目前世界最大等級的火山口了，能親臨目睹有不虛此行之樂。

賞櫻花與黑部立山雪壁之旅——櫻花是日本國花，日本各地無論大小公園、古城周邊、公路兩旁路樹及私宅庭院皆種滿櫻花，因氣候因素，從最南部的琉球群島，到最北端的北海道，開花時間並不相同，且從南到北逐一綻放，倒是賞花旅遊另一種情緻。再配合有日本阿爾卑斯山之稱的黑部立山雪壁開通時間，真是一舉兩得的美麗旅遊行程。

首先從大阪造幣局開始，每年四月中是大阪櫻花盛開怒放的時節，且其品種高達一百多種，共有三四百棵，全長五百多公尺的櫻花道，真是美不勝收，這是百年來日本相沿襲的大阪造幣局賞花盛會，但開放時間僅約一星期而已，不過能沿著局外大阪大川乘遊艇欣賞也有一番風味，只見白、綠、桃紅、粉紅……罕見的櫻花都可以在此完全欣賞，所謂一網打盡，真是值得啊！

接著抵達日本四大國寶名城——松本城，除了其建築風格完全與黑部立山山脈黑白照映對比，與其他名城絕然不同外，幸運的是大戰期間並未遭受到轟炸毀損，且四周

雙手捧花天上拋——樂哉

已闢為公園，種滿各類櫻花，此時適逢盛開時節，滿園及走道真是落英繽紛，此時雙手一棒望上一拋，千百櫻花辨飄然飛舞落下，其美其景快樂無以形容。

已被聯合國登錄為世界文化遺產的合掌屋，更是沿途必遊之重點，通常被稱為日本的祕境，能親眼見到更覺得實為「仙境」，據史書記載直到現在，整個聚落每間房舍，皆以茅草覆蓋而成，又因防冬季下雪，都非常陡斜，很像雙手合掌模樣，或是因此被稱為合掌屋，不得而知，更難得的是，相傳自古以來全村房屋的重建或修補，是全村居民相互合作支援，且依日本傳統建築技術，讓人有時光倒流，思古幽情，不虛此行之感。

黑部立山是赴日旅遊的重要景點，尤其每

合掌屋

年冬季登山主道被大雪封阻，依計劃都訂在四月十四日剷雪開山打通（據說必須花費上億日元經費），而且此時節正是日本關西地區櫻花盛開時期，上山賞櫻花，走雪壁、玩雪的最佳時候。大伙兒四月十七日上山，雪壁有十六公尺高，又特別挖了幾個雪洞穴供客人躲玩，居住亞熱帶的台灣旅客，一邊打雪球、躲貓貓玩得不亦樂乎！特別介紹走一趟黑部立山，必須乘座多種交通工具，除了一路上來的遊覽車外，有登山纜車，貫穿隧道火車（電動），觀景用電力交通車……沿途欣賞黑色岩石高山，覆蓋白色雪景，進出隧道中有許多時候是沿河峭壁，河水在潺潺聲中由上往下沖，最後步行走過兩岸的橋上，面對著是發電用的大水庫，上觀景台，黑山、白雪、綠樹、紅花、湖水，真有遠離塵囂，心曠神怡之感！

富士地芝櫻

下山後欣賞藤花瀑布，進住道地的日式飯店，洗個溫泉浴，躺在浴池中，落地窗外正開滿各種櫻花，加上美麗如畫的綠色遠山，真是有很難得放下一切，輕鬆舒暢自然之旅。依行程介紹已來到日本關東地區，也就是東京地區櫻花盛開期，特別安排難得一見的，日本東京圈最知名的「富士地芝櫻」花祭，只見八十多萬顆緊貼在地面上的地芝櫻花海，其美其奇真是生平僅見，更知道日本的櫻花有上百種之多，真可信也！

北海道是日本四大島的第二大島，當然居於最北端，每年四季尚稱分明，各有旅遊重點，如春天櫻花、夏天薰衣草、秋季楓紅、冬天當然是賞雪祭典與幕名而來的冰雕。個人上北海道，特別安排環島一周，雖是春夏時間，仍有些寒意，尤其到最北端海邊更有感覺，許多山頭仍是白雪皚皚，還有許多狀似富士山的死火山，山頂白雪覆蓋，故有小富士之稱。

洞爺湖是北海道重要的景點，據專家研究是山火爆發後，地殼陷落形成的湖泊，因此已成溫泉渡假區，加上人為用心維護，春天的櫻花、夏天的花火節、秋有紅葉、冬天的冰瀑冰雕，已成日本三大景觀之一，加上日本餐點有名的帝王蟹，每家飯店用餐時都是隨意取食，毫無限制，連喜好者都吃到直呼投降了，也算是北海道旅遊另一趣事吧！

札幌市是北海道的首府，人口近二百萬，可觀景觀不少，最吸引人的當然是冬季的露天冰雕雪祭，以及上述的帝王蟹美食，幾乎令人垂涎不已。來到函館，隔清津海峽與本洲青森縣相對，世界最長的海底隧道即是穿越此海峽，全長有五十九公里，在西元一九八八年完工，當時是世界重大的工程，到北海道旅遊，必然嚮往嘗試乘坐新幹線，從函館穿越海峽回到本州，再一路賞玩到東京，結束一趟日本之旅。

澳洲與紐西蘭

澳洲

澳洲是南半球的一個大陸塊，有六百多萬平方公里，有人認為是世界第一大島，但在地理上已把超過六百萬平方公里的稱為陸地，不稱為島了，所以澳洲整個大陸與塔斯馬尼亞島及周邊島嶼，合稱為澳大利亞國，通常簡稱澳洲，可說是南太平洋最大的國家。氣候又與北半球冬夏季相反，所以是旅行的另一選項，且有許多特有的地貌及動植物，真值得觀賞與介紹。

墨爾本是位於澳洲東南部的大都市，人口為澳洲第二多，也是很早就發跡的地方，所以早年華人稱它為新金山市，當可知是重要的商業交通……等重鎮。首先到墨爾本必定安排最著名的景點，菲利浦島欣賞企鵝「大遊行」，每天傍晚時候成群的企鵝遠遠地從海上游回來，非常有秩序的「整隊」上岸，經過兩排眾多遊客，再各自尋找小巷回到自家洞穴，把一天海上捕掠食品，反哺吐出餵食家中老小，其中或有迷路誤入牠人家庭，會被狠喙趕出「家門」，不是親眼所見，真不敢相信動物界亦有其親近的家庭生活。

庫克船長與澳洲，到墨爾本都會安排參觀庫克船長小屋，西元一七七〇年發現澳

澳洲雪梨港及歌劇院地標

澳洲雪梨大橋及帆船歌劇院地標

洲大陸就是庫克船長，後來英國人開始大量移民澳洲，因此澳洲人非常崇敬庫克船長，至今將他居住小屋仍維護得很好，旁邊就是墨爾本最大的費茲羅公園，並在園中塑立著庫克船長的雕像，讓人更回想偉大航海冒險家的平生往事，才知紐西蘭、夏威夷等許多太平洋島嶼都是他最先發現的，經過一兩百年來，英國人的大量移入，終於造成今天的澳國與紐西蘭。

雪梨是澳洲最大城市，得天獨厚的又深又寬廣的雪梨港，應是造就雪梨經濟發達的重大因素。再加上橫跨海灣兩岸美麗雄偉的雪梨大橋，及北岸橋頭邊獨特帆船狀的藝術建築雪梨歌劇院，兩者合而為一，通稱為雪梨甚至是澳洲的地標。只要來澳洲旅遊必定參訪的兩大壯觀景點，而且不論從陸上拍照欣賞，或乘郵輪由水上觀賞，皆怡然自得其美，且以曾遊過澳洲而有驕傲之感。尤其是雪梨歌劇院，據說是丹麥名設計師約恩・烏松所設計，整座建築真像艘雪白帆船停在港邊，其美感真難以筆墨形容，所以雖只是近百年來的建築物，已獲得世界遺產的認可與肯定。

坎培拉是澳洲首都，人口雖僅約三十六萬人，更是內陸城市，據傳之所以能定為首都，因北部的第一大城雪梨，與南面的第二大城墨爾本，互相有所爭執，最後國會取其中間的坎培拉為首都，是也非也不得而知，但民主政治之精神或可信之。坎培拉屬內陸氣候型，牧業非常發達，牧場主人擁有成千上萬頭牛羊者比比皆是，首先表演的是把一隻毛絨絨的綿羊，從捆綁四肢再用剃刀全身剃光羊毛，約在幾分鐘內完成，其技術之圓熟，真另人刮目相看。再者常豁達親切待客，在牧場餐館用餐，不管九盎司或十幾盎司的牛排，只要客人喜歡且有「肚量」，主人皆讓你滿足且不加價，真是像牛仔電影一樣，快樂豪邁的一餐，讓你終生難忘。

布里斯本是澳洲第三大城市，是個悠閒的旅遊城市，地屬亞熱帶氣候，尤其與南部的黃金海岸連結，成一個海岸衝浪的渡假勝地，沿海岸邊綿延約三四十公里的觀光飯店，整個海邊盡是游泳、衝浪、享受日光浴的渡假觀光客，能躺在沙灘欣賞，隨大浪踩踏滑板的水上技巧，真是佩服得很。而北部連結著已被列為世界遺產的大堡礁，是世界目前發現最長且多的珊瑚礁群，愛好浮潛的樂園，至少可乘玻璃船欣賞，真是美不勝收哉！

澳洲特別希望看到的稀有動物，就是只有在澳洲才有的三種動物；一是袋鼠，其體形高大，是世界上唯一用兩隻後腳跳躍前進的動物，一躍跨距甚大，且速度飛快，非常獨特。又因母袋鼠胸前有哺乳袋，小袋鼠出生由母袋鼠放在袋內哺乳養育，至可自行生活方才離開母袋鼠，當可視為哺乳動物中最親切且安全的天生養育袋吧！二是無尾熊，我們乘車經過雪梨大橋到雪梨動物園，只見園內有特別保護與培育中心，當時我們還可抱一抱此溫馴嗜睡，不喜歡動的小傢伙，也緊抱著你不放，非常可愛。後來再到野生的無尾熊保護區，只見每顆高大的尤加利樹上有一隻無尾熊，單獨抱在樹上不動也不動，似乎與世無爭，更知其天性只吃尤加利樹葉，且嗜睡不動，真是百聞不如一見。三是鴨嘴獸，這是只有在澳洲才能見到的，幾乎瀕臨滅絕風險的動物，我們在動物園很不容易才看到牠，據介紹牠是水陸兩棲的哺乳類動物，腳上有蹼可游水，在陸地上亦可抱蹼收縮起來行走，但目前數量已非常稀少，且只在澳洲才能發現的唯一動物，真是非常珍貴。

紐西蘭

紐西蘭位於澳洲大陸的東南方，主要由南北兩大島組成，相傳亦是被庫克船長所發現，可說是南太平洋中的島國，且幾乎是與世無爭的美麗樂園。首都威靈頓在北島的南端，也是最大的城市，隔庫克海峽與南島相望。紐西蘭就人事時地物來說是個旅遊的樂園，只要能到此一遊都讚不絕口，個人亦有同感，特別分析如下：毛利人是當地原住民，有其獨特的文化風俗，至今仍保留完美，尤其許多歌舞更能展現力與美的原始風貌，真令人心有戚戚焉之感。

基督城是南島的最大城市，英國牛津大學基督學院分院之設立而得名為基督城，當可知其因教育文化之流傳淵源之深，在此所見，整個市區是如此的整齊清潔，且家家戶戶皆有美麗的花園及盆景，故有典雅樂花園城市之美稱。

皇后鎮更是美麗旅遊渡假勝地，在群山環繞中，有一清澈的——瓦卡蒂湖，湖邊綠草如茵，有非常秀麗的高爾夫球場，而南島上的冰山，雪水融化由山澗激流而下，可乘汽艇玩泛舟之遊戲。湖邊綠林高聳，且位於西北季風區，雨量豐沛，整個南島是茂密的

紐西蘭皇后鎮米佛峽灣景色

森林，真是綠意盎然。尤其乘纜車上山頂，往下一望，整個皇后鎮處在茂密森林的群山環繞中，更如仙境一般。

米佛峽灣離皇后鎮不遠，已被列為紐西蘭國家公園，是一個冰河地形，乘郵艇欣賞峽灣美麗，有陡峭的岩壁，奔騰的飛瀑，與挪威的峽灣齊名，據聞世界聞名的伊麗沙白女王號大郵輪，亦曾親訪此峽灣，更可見其雄美之實了。

紐西蘭位居南太平洋中，遠離大陸塊，是世界唯一沒有蛇類的地方，因此也產生唯一不會飛的國寶鳥——「奇異鳥」通稱（Kiwi），據生物學家研究，此鳥在紐西蘭，因外無侵食牠的外患，內又當地尋食容易，不用飛翔覓食逃難，長年以來翅膀漸漸退化，終於已不能飛翔，與我們的家雞相近。但可能因早期當地原住民的捕殺，及後來森林砍伐，生態環境遭受破壞之故，「奇異鳥」數量已非常稀少，且有瀕臨絕種可能，現在被紐西蘭列為強力保護之動物，且被聯合國所認定。

奇異果是紐西蘭生產最多，也是出口最大宗的水果，每年行銷至世界六十多個國家，其產量之大，所賺外匯之多當可見之。台灣每年進口數量亦非常大，據統計是人均消量世界第一呢！而奇異果據說原產在中國大陸，名為獮猴桃，在中國中南部山區多有，是山中獮猴喜吃之野果，相傳在十八九世紀時傳入紐西蘭，經其培植改良，反而成為紐西蘭特有之水果。在此讓吾人更可知任何事物只要專注用心，皆能成功更有成就啊！

紐西蘭另一特殊且「偉大」之處，是羊毛最大輸出國，羊群數量最多時當達七千萬隻，是人口的十幾倍，全國所見到處是羊群牧場，行車中碰上羊群橫越馬路，都必須停車禮讓羊群先行，且所見多數是成千上萬，也是美景一件啊！

跋

以上所述旅遊記趣乃平原個人生平就喜愛到處旅行，且常思古人所云「讀萬卷書不如行萬里路」之理念，再加上對中國大陸與世界各地天文、地理、歷史的思惟，儘可能希望經過適時、適地的安排親自走訪一趟的景點。當然還有許多未能到訪而失漏的美景，就是上述個人親自所行所見之處，相信更有頗多謬誤，敬請各位親朋好友不吝指正。是盼！是幸！

國家圖書館出版品預行編目資料

林平原世界遊記：輕鬆愉快用心旅遊／林平原著. --初版.--臺中市：白象文化，2019.2
面；　公分.——（樂活誌；63）
ISBN 978-986-358-782-8（平裝）
1.旅遊 2.世界地理
719　　107023254

樂活誌（63）

林平原世界遊記：輕鬆愉快用心旅遊

作　　者　林平原
校　　對　林寬達、林平原
發 行 人　張輝潭
出版發行　白象文化事業有限公司
412台中市大里區科技路1號8樓之2（台中軟體園區）
出版專線：（04）2496-5995　傳真：（04）2496-9901
401台中市東區和平街228巷44號（經銷部）
購書專線：（04）2220-8589　傳真：（04）2220-8505
專案主編　陳逸儒
出版編印　林榮威、陳逸儒、黃麗穎、水邊、陳媁婷、李婕
設計創意　張禮南、何佳諠
經紀企劃　張輝潭、徐錦淳、廖書湘
經銷推廣　李莉吟、莊博亞、劉育姍、林政泓
行銷宣傳　黃姿虹、沈若瑜
營運管理　林金郎、曾千熏
印　　刷　基盛印刷工場
初版一刷　2019年2月
二版一刷　2022年11月
定　　價　602元